Conduire une moto

Techniques de conduite

D1264894

LES PUBLICATIONS DU QUÉBEC

Québec

Cette publication a été réalisée par la Société de l'assurance automobile du Québec

Recherche et rédaction :
Service des usagers de la route
Michèle Jean

Avec la collaboration des spécialistes :
Jacques Danis, Centre de service - St-Hyacinthe
Alain Déry, Centre de service - Lévis
Michel Gauthier, Centre de service - Saguenay
Daniel Lapointe, Centre d'évaluation des conducteurs - Montréal

Autres professionnels consultés :
Micheline Briand, Service des usagers de la route
Rémy Côté, Service des usagers de la route
Jean-Pierre Gagnon, Service des usagers de la route
Quang Le Phat, Service de la sécurité du transport routier et de l'ingénierie des véhicules
Jacques Richard, Service de la sécurité du transport routier et de l'ingénierie des véhicules

Chargée de projet :
Direction des communications
Chantale Gagnon

Responsable de la production :
Direction des communications
Jo-Anne Jean

Graphisme et mise en page :
Deschamps Design

Illustrations
Couverture :
Jean-Michel Girard
Intérieur :
Lamontagne Duchesne Illustration

Dépôt légal – 2002
Bibliothèque nationale du Québec
Bibliothèque nationale du Canada
ISBN : 2-551-15441-3
© Gouvernement du Québec

Conduire une moto

Techniques de conduite

LES PUBLICATIONS DU QUÉBEC
1500 D, rue Jean-Talon Nord, Sainte-Foy (Québec) G1N 2E5

VENTE ET DISTRIBUTION
Téléphone : (418) 643-5150 ou, sans frais, 1 800 463-2100
Télécopie : (418) 643-6177 ou, sans frais, 1 800 561-3479
Internet : www.publicationsduquebec.gouv.qc.ca

Données de catalogage avant publication (Canada)

Jean, Michèle, 1961–

    Conduire une moto : techniques de conduite

    Comprend un index.

    ISBN 2-551-19581–0

    1. Motocyclettes – Conduite   2. Motocyclisme – Sécurité – Mesures.   I.   Société de l'assurance automobile du Québec. II. Titre.

TL440.5.J42 2002   629.28'475   C2002-940884-9

Avant-propos

La présente publication s'adresse à l'apprenti conducteur qui désire faire l'apprentissage de techniques de conduite d'une moto. Ainsi, de façon progressive, le lecteur pourra se familiariser avec des notions de préparation à la conduite et une méthode d'exploration de la route.

Des stratégies de base visant la maîtrise de la moto y sont abordées, de même que d'autres plus avancées pour faire face à des conditions difficiles ou encore à des situations d'urgence. Et comme la conduite d'une moto implique de circuler en présence d'autres usagers de la route, des notions concernant le partage de la route et des stratégies personnelles y sont également présentées.

Enfin, chacun des chapitres donne de l'information et des conseils de sécurité propres à la moto. Les habitués de la moto trouveront donc dans ce guide, un bon outil pour mettre à jour leurs connaissances et évaluer leurs habitudes de conduite.

Bonne lecture!

Table des matières

Chapitre 2 - Apprentissage de base : Observer-Évaluer-Agir 49

Chapitre 4 - Stratégies de conduite 87

Chapitre 6 - Stratégies personnelles 139

Préparation à la conduite

INTRODUCTION

La conduite de la moto diffère à bien des égards de celle de l'automobile. Le guidon fait place au volant, le freinage s'effectue tant avec la main qu'avec le pied et les manœuvres de virage semblent difficiles pour le motocycliste en début d'apprentissage.

Si la conduite de la moto procure des sensations fortes à ses adeptes, il est aussi évident qu'elle comporte des risques. De plus, l'excellente maniabilité de ce véhicule et sa rapidité d'exécution, caractéristiques qui font le plaisir de ses adeptes, peuvent se retourner inévitablement contre eux. L'effet de surprise causé par l'apparition subite d'un motocycliste près des autres usagers de la route peut se traduire par des manœuvres brusques, ou imprévues, de leur part. La petite dimension de la moto par rapport aux autres véhicules et le peu de visibilité que cela lui procure sont également des éléments qui la distinguent.

Ces différentes caractéristiques, auxquelles s'ajoute l'influence des conditions routières et climatiques, rendent le motocycliste plus vulnérable que ne l'est l'automobiliste. Les statistiques d'accident parlent d'elles-mêmes : 77 % des accidents de moto entraînent des blessures comparativement à 24 % pour l'auto.

Pour profiter des plaisirs de la moto, il vaut donc mieux adapter sa conduite. Pour ce faire, il importe d'être bien conscient des risques associés à la conduite de la moto et de bien les gérer. Tout est question d'attitude, de comportements, de connaissances et d'habiletés.

Dans ce premier chapitre, il sera question de la préparation du motocycliste, ainsi que de la connaissance et de la préparation de la moto.

PRÉPARATION DU MOTOCYCLISTE

Trois éléments tous aussi importants les uns que les autres doivent être pris en considération dans la préparation du motocycliste : le contexte particulier de conduite, l'attitude préventive et l'équipement de protection.

■ CONTEXTE PARTICULIER DE CONDUITE

Il est connu que la vitesse de certaines motos peut dépasser de façon démesurée celle de l'automobile. L'attrait pour la moto n'est sans doute pas étranger au fait que sa conduite se distingue à bien des égards de l'automobile, notamment sa puissance et son accélération foudroyante qui sont directement liées à son faible poids.

Malheureusement, la sécurité offerte par ce type de véhicule n'est pas proportionnelle au surplus de vitesse qu'il peut atteindre.

D'autres éléments différencient la conduite de la moto de celle de l'automobile, car le motocycliste fait face à un contexte particulier de conduite, regroupant notamment l'exposition au risque, la visibilité et l'équilibre.

• Exposition au risque

La conception même de la moto contribue à une plus grande exposition au risque du motocycliste comparativement à l'automobiliste. Généralement, aucune carrosserie n'entoure le motocycliste pour le protéger en cas d'impact, il ne peut compter non plus sur la présence d'un pare-choc ou d'un sac gonflable. Pour pallier ces lacunes, il doit miser davantage sur ses habiletés techniques et son jugement pour se protéger, de même que son habileté à voir et à prévoir.

• Visibilité

La moto est plus petite que les autres véhicules routiers, ce qui la rend moins visible pour les autres conducteurs. Ceux-ci ont aussi plus de difficulté à évaluer la vitesse de la moto qui les précède ou qui les suit. Par le fait même, ils évaluent difficilement la distance qui les sépare.

Le motocycliste doit par ailleurs s'assurer d'être vu des usagers de la route plus vulnérables : des enfants et des piétons plus âgés ou à mobilité réduite, des cyclistes, etc. Pour ces raisons, la visibilité devrait être une préoccupation constante de la part du motocycliste, que ce soit par l'attention portée à ses vêtements ou à ses stratégies de conduite. Par exemple, il doit se servir le plus possible des moyens dont il dispose pour communiquer sa présence et ses intentions. Aussi, il doit se positionner dans la voie de manière à toujours avoir une vision maximale face aux autres usagers de la route. De plus, des conditions défavorables à la conduite affectent particulièrement le motocycliste. La présence de pluie, de brouillard ou de brume contribuent à le rendre encore moins visible. En présence de mauvaises conditions climatiques ou en conduite de nuit, le motocycliste doit donc redoubler de prudence.

• Équilibre

Le maintien de l'équilibre est particulièrement affecté par la vitesse à laquelle circule le motocycliste. Un peu comme le vélo, la conduite à basse vitesse nécessite davantage d'effort que la vitesse de croisière. Les techniques de virage diffèrent aussi en fonction de la vitesse et de l'équilibre à conserver.

Plusieurs aspects concernant l'équilibre seront détaillés dans les prochains chapitres.

En raison de l'équilibre à maintenir, le motocycliste est aussi plus vulnérable que l'automobiliste aux conditions de la chaussée. Les surfaces inégales ou glissantes sont des sources potentielles de danger pour le motocycliste. À titre d'exemple, la présence d'une fine couche de sable sur la chaussée a beaucoup plus d'impact sur la stabilité de la moto que celle de l'automobile, et ce, particulièrement au printemps.

L'équilibre de la moto est aussi plus affecté par les rafales de vent ou le déplacement d'air provoqué par la proximité d'un véhicule lourd.

■ ATTITUDE PRÉVENTIVE

Pour faire face à la moins grande protection offerte par la moto, une attitude préventive est essentielle. En effet, par ses comportements, le motocycliste a une influence déterminante sur sa sécurité et celle des autres usagers de la route.

À la base de l'attitude préventive, se retrouvent une préoccupation relative à la sécurité routière et la connaissance de ses limites comme conducteur. Et, généralement, les limites varient en fonction de l'expérience de conduite.

Ainsi, la pratique entre en ligne de compte dans le développement de l'attitude préventive. Si la pratique vise à acquérir une bonne maîtrise de la moto, elle peut également faire naître un sixième sens pour reconnaître les sources potentielles de risque.

La conduite d'une moto implique de mettre constamment son jugement au défi, que ce soit pour observer les comportements des autres usagers de la route, pour identifier des situations potentiellement à risque ou pour agir rapidement. Pour ce faire, le motocycliste doit nécessairement être dans des dispositions favorables à la conduite.

• Être disposé à conduire

Pour assurer sa sécurité et celle des autres usagers de la route, le motocycliste se doit d'être en excellente condition mentale et physique.

- Condition mentale

En l'absence de carrosserie entourant le motocycliste, sa concentration, sa vigilance et son temps de réaction prennent toute leur importance pour éviter un impact ou le protéger. Pour ramener le risque à un degré minimal, le motocycliste doit être en mesure de se concentrer pleinement sur ce qui se passe autour de lui, ce qui requiert beaucoup d'énergie.

Il lui faut d'abord être en mesure d'anticiper et de décoder les indications de la signalisation routière. À titre d'exemple, si le feu de signalisation est vert depuis un bon moment, il risque donc de passer au jaune lorsque le motocycliste se trouvera à l'intersection.

À un autre niveau, il doit faire preuve de vigilance pour être en mesure d'anticiper le comportement des autres usagers de la route. À titre d'exemple, un automobiliste changeant de voie sans activer ses feux de changement de direction.

Ces deux niveaux d'observation permettent au motocycliste d'évaluer la situation et d'ajuster son comportement afin d'éviter qu'une situation devienne critique. Il lui faut être en mesure de réagir rapidement et de façon appropriée.

- Condition physique

Considérant les exigences particulières de la conduite de la moto, le motocycliste a tout intérêt à maintenir une bonne condition physique.

En effet, une bonne condition physique peut aider le motocycliste à être plus résistant à la fatigue et aux intempéries.

Règle générale, l'exposition au vent et aux intempéries engendre une tension constante sur le corps du motocycliste. Le fait de développer sa force et son endurance peut grandement lui faciliter la tâche, que ce soit pour manier la moto ou encore pour maintenir son équilibre.

• **Se préparer à conduire**

La préparation à la conduite suppose une période d'apprentissage préalable. Dans la conduite au quotidien, cela implique aussi de planifier son parcours.

- Période d'apprentissage

Saviez-vous que...

30% des motocyclistes impliqués dans un accident mortel sont propriétaires de la moto depuis moins de trois mois, tandis que 17% n'en sont pas propriétaires.

Le motocycliste ne doit pas négliger la période d'apprentissage. Il doit accumuler de l'information, en allant puiser à différentes sources de référence, tant théorique que pratique.

Pour ce qui est de la théorie, les manuels de référence fournissent une préparation de base. Pour l'aider dans sa préparation, le motocycliste dispose du présent guide et du *Guide de la route* qui résume, entre autres, les principales règles du Code de la sécurité routière que tout conducteur doit connaître. Pour leur part, les cours de conduite dispensés par les écoles de conduite accréditées fournissent une bonne préparation, tant théorique que pratique.

Pour ce qui est de la pratique, le motocycliste doit prévoir plusieurs heures pour acquérir et développer des habiletés. Des échanges avec des motocyclistes expérimentés s'avèrent aussi utiles pour le faire progresser, tout au long de son apprentissage.

Pour se remettre en forme au printemps, il est préférable que le motocycliste reprenne graduellement contact avec sa moto, par de courtes randonnées, visant à réviser ses techniques de conduite. Par exemple, faire des exercices à basse vitesse.

Pour parfaire ses habiletés, il peut aussi s'inscrire à un cours de perfectionnement.

– Planifier ses déplacements

La planification de ses déplacements implique d'abord d'évaluer, de façon raisonnable, le temps nécessaire pour se rendre à destination. Une certaine latitude à ce niveau évite de circuler plus rapidement ou d'opter pour des manœuvres présentant des risques, dans le seul but de gagner quelques minutes, voire quelques secondes.

Planifier ses déplacements suppose aussi d'avoir une solution de rechange, comme prévoir un autre trajet si la circulation est congestionnée, si des travaux empêchent l'accès à une rue, etc.

Lorsque le motocycliste planifie ses déplacements, il doit aussi tenir compte des conditions climatiques, comme la prévision de froid, de chaleur intense ou de pluie.

Le motocycliste ne doit pas oublier que la température peut changer pendant ses déplacements, par exemple, à la tombée du jour ou à cause d'une averse soudaine. Il vaut donc mieux prévoir des vêtements pour faire face à toute éventualité.

Pour un voyage de plusieurs jours, il est préférable de bien se préparer avant le départ, ce qui peut nécessiter une certaine recherche :

– planifier l'itinéraire à l'aide de cartes routières locale et régionale ;

– évaluer les entretiens périodiques en tenant compte du kilométrage projeté par jour ;

– effectuer la recherche des concessionnaires pouvant assurer l'entretien périodique de la moto. Exemple : changement d'huile, des pneus, etc. ;

– préparer une petite trousse de dépannage pour faire face à certains imprévus mécaniques et prévoir un budget.

 Lorsque le motocycliste planifie ses déplacements et sait où se diriger, il conduit avec plus d'assurance, ce qui contribue à la sécurité de tous.

• Adopter une conduite responsable

Le motocycliste doit adopter une conduite responsable, ce qui suppose de se soucier en tout temps de sa sécurité personnelle, de celle du passager et des autres usagers de la route.

Saviez-vous que...

Les principaux facteurs significatifs dans les accidents de la route sont l'âge du motocycliste, son expérience et le kilométrage annuel parcouru.

- En tant que conducteur

L'adoption d'une conduite responsable engage le motocycliste à connaître et à respecter ses limites, celles faisant appel aux habiletés de conduite, en fonction du contexte routier et des conditions climatiques. Le conducteur expérimenté et celui qui débute n'ont habituellement pas les mêmes limites. Les principales limites du débutant se trouvent au niveau de la maîtrise de la moto, car certaines habiletés se développent progressivement par la pratique.

Toutefois, le conducteur expérimenté doit veiller à ne pas surestimer ses habiletés et à se montrer moins vigilant. Un excès de confiance en ses capacités peut s'avérer dangereux. Il peut ainsi développer un sentiment d'invincibilité, ce qui est néfaste tant pour lui-même que pour les autres usagers de la route.

- Envers le passager

Le motocycliste doit se soucier de la sécurité de son passager. Comme le poids supplémentaire du passager influence généralement la conduite de la moto, le motocycliste doit être suffisamment expérimenté avant d'accepter la présence d'un passager.

Avant de faire monter quiconque, le motocycliste doit s'assurer que les pieds du passager puissent reposer sur les repose-pieds. Autrement dit, il importe au motocycliste de s'assurer que la taille du passager lui permet de remplir cette condition, que ce soit un enfant ou une personne de petite taille. Il faut aussi comprendre que le passager ne peut aucunement prendre place devant le conducteur.

Le motocycliste doit aussi s'assurer que les vêtements du passager lui assurent la protection nécessaire et qu'il porte correctement un casque conforme aux normes de sécurité.

Le motocycliste doit aussi informer le passager des consignes de sécurité quant à la façon de se comporter.

Ces consignes sont détaillées au chapitre qui traite des stratégies personnelles, soit le chapitre 6.

- Envers les autres usagers de la route

Le motocycliste doit adopter une conduite responsable, ce qui implique d'abord de garder constamment en tête qu'il est plus difficilement visible pour les conducteurs des différents véhicules qu'il côtoie : autobus, camions, véhicules d'urgence, automobiles, etc.

Comme les différents usagers de la route ont de la difficulté à évaluer sa distance et sa vitesse d'approche, le motocycliste doit redoubler de vigilance à l'approche des intersections où se croisent les véhicules et les autres usagers de la route.

En adoptant une conduite responsable, il s'engage à respecter les priorités prévues pour certains usagers de la route. Par exemple, il ne doit pas stationner dans un espace réservé aux personnes atteintes de déficience physique, ni s'immobiliser sur un passage pour piétons, ou encore circuler dans des zones réservées aux taxis ou aux autobus, etc.

La vigilance du motocycliste et des choix responsables permettent de prévenir des situations potentiellement dangereuses.

■ ÉQUIPEMENT DE PROTECTION

En raison de la haute exposition au risque du motocycliste, le casque et l'équipement vestimentaire sont d'une extrême importance pour le protéger.

L'équipement de protection doit être choisi afin d'assurer une protection fiable en cas d'impact et d'intempéries, de fournir la meilleure visibilité possible et de répondre à des besoins de confort.

• **Casque**

Obligatoire tant pour le motocycliste que pour le passager, le casque se doit d'être conforme aux normes prescrites par le *Règlement sur les casques protecteurs pour motocyclistes, cyclomotoristes, motoneigistes et leurs passagers.* Ces normes stipulent que le casque :

Saviez-vous que...

L'omission de porter le casque protecteur constitue une infraction entraînant des points d'inaptitude et une amende.

- doit être muni en tout temps d'une étiquette de conformité apposée par le fabricant indiquant qu'il satisfait à l'une ou l'autre des normes de fabrication reconnues[1];
- doit être correctement ajusté et solidement attaché par les fixations du fabricant;
- ne peut présenter aucune modification ou détérioration de la structure externe ou interne.

Si le casque est non conforme à ce qui précède, le motocycliste s'expose à être aussi peu protégé que s'il n'en portait pas. Un casque mal attaché n'assure pas non plus une protection adéquate, puisqu'il risque de se détacher lors d'un impact.

Le casque doit être bien ajusté et mouler confortablement la tête. Le dessus de la tête doit toucher le rembourrage supérieur du casque et celui-ci ne doit pas glisser ni vers l'avant ni vers l'arrière lorsque la tête bouge et que la courroie de retenue est attachée.

Le casque doit être, de préférence, de couleur voyante. Un matériau réfléchissant peut être ajouté aux parties arrière et latérales du casque. Il faut toutefois se référer au manuel du fabricant avant d'installer ce type de matériau.

---

1. Norme CAN-3-D230 de l'Association canadienne de normalisation
   Norme DOT FMVSS 218 du *Department of Transportation* des États-Unis
   Norme *Specifications for Protective Headgear for Vehicular User 290.1* de l'*American National Standards Institute*
   Norme de la *Snell Memorial Foundation*
   Norme du *British Standards Institute*

Si le casque subit un choc, sa coque ou son rembourrage peuvent avoir été endommagés sans que cela ne
paraisse. C'est pourquoi les fabricants recommandent,
dans ce cas, de le remplacer.

• **Visière**

Le motocycliste ne devrait jamais circuler sans protection
visuelle. Il doit protéger ses yeux de la poussière, des insectes et
des petits cailloux qui peuvent lui nuire et, à la limite, provoquer
une perte de contrôle. À cet effet, le port d'une visière est un
bon choix, car il permet également de diminuer l'effet du vent
et de l'eau autour des yeux.

Les lunettes protectrices n'assurent pas une protection
aussi adéquate que la visière.

Le port de verres ou d'une visière teintés n'est pas
recommandé pour la conduite de nuit.

Pour protéger efficacement les yeux, la visière doit présenter les
caractéristiques suivantes:
- à l'épreuve de l'éclatement;
- antibuée;
- conçue pour permettre une large vision;
- solidement attachée au casque;
- compatible avec le casque et les verres correcteurs,
  s'il y a lieu;
- propre, claire et sans égratignures.

Il est indispensable d'entretenir régulièrement la visière avec un
produit non abrasif. Les rainures causées par un nettoyeur
inadéquat peuvent nuire à la vision. Au besoin, il faut changer
de visière.

La présence d'un pare-brise, qui surmonte le guidon, offre
une protection additionnelle contre la pluie et les projectiles et
diminue l'effet du vent, mais ne remplace aucunement la visière.

• **Vêtements**

Différents critères de sélection entrent en ligne de compte pour le choix des vêtements, le souci d'être visible, le besoin de se protéger en cas de chute et la possibilité d'affronter les intempéries naturelles.

Saviez-vous que...

Des poignées et des vêtements chauffants sont disponibles pour améliorer le confort du motocycliste.

Pour lui assurer la meilleure visibilité possible, le motocycliste doit choisir des vêtements de couleur vive ou munis de bandes réfléchissantes, telle une veste de sécurité, car ceux-ci sont plus facilement perçus des autres usagers de la route.

Également, le motocycliste doit sélectionner ses vêtements en fonction de la protection offerte en cas de chute. Même s'ils s'avèrent confortables, le denim et certains tissus n'assurent pas une protection adéquate. Il arrive même que certaines étoffes synthétiques fondent littéralement en collant à la peau, en cas de glissades. À cause de leur confection particulière, la veste et le pantalon de cuir conçus spécifiquement pour la moto offrent une protection supérieure aux autres vêtements de cuir, en cas de chute.

Finalement, le motocycliste doit aussi posséder des vêtements tempérés et imperméables qui le protègent des intempéries naturelles : le froid, le vent, la pluie, etc. L'inconfort en raison de vêtements détrempés peut diminuer l'attention du motocycliste et l'amener à circuler plus rapidement pour se mettre rapidement au sec. Cela, allié à des conditions de visibilité déjà réduite, peut contribuer à élever considérablement le risque d'accident.

Les vêtements imperméables spécialement conçus pour les motocyclistes s'avèrent assez résistants pour ne pas se gonfler au vent ni se déchirer. Un vêtement qui se gonfle au vent est une source potentielle de danger pour le motocycliste.

Toutefois, la veste et le pantalon doivent être assez amples pour se porter par-dessus les vêtements habituels.

Par ailleurs, la veste doit être assez longue pour couvrir la taille lorsque le motocycliste se penche vers l'avant. Les manches doivent recouvrir les poignets. Le pantalon, tout comme la veste, doit être bien ajusté pour être confortable. Les jambes du pantalon doivent descendre jusqu'aux chevilles.

Lorsqu'il circule par mauvais temps, le motocycliste s'habille de façon à pouvoir s'adapter aux changements climatiques et il redouble de prudence.

 Le motocycliste doit faire particulièrement attention pour éviter de se retrouver en état d'hypothermie. Ses mouvements et le temps de réaction face à un imprévu en seraient directement affectés. À cet effet, il doit toujours prévoir, dans ses bagages, des vêtements, des gants et des bottes, pour faire face à une chute rapide de la température.

• Gants longs

Il vaut mieux porter des gants pour bénéficier d'une meilleure prise sur les poignées. Ceux à manchette protègent du froid et empêchent les insectes d'entrer par les manches. Ils protègent aussi les doigts, les articulations des doigts et les poignets en cas d'impact.

• Bottes

Pour protéger adéquatement ses pieds, le motocycliste doit opter pour des bottes ou des chaussures solides, montant au-dessus de la cheville, pourvues d'une semelle dure, résistante et offrant une bonne adhérence. Un talon plutôt bas s'avère préférable. Il faut éviter les garnitures, lacets ou boucles, qui peuvent s'agripper aux commandes.

CONNAISSANCE DE LA MOTO

Les motos sont conçues de telle sorte que les commandes et les dispositifs principaux soient à portée de la main ou du pied. Le motocycliste doit pouvoir les atteindre sans avoir à les regarder. Il est important que le motocycliste choisisse une moto adaptée à sa taille.

 Il est important de consulter le manuel du propriétaire avant d'utiliser sa moto. Certains dispositifs peuvent être placés ou fonctionner différemment de ce qui est présenté ici.

■ CENTRE DU GUIDON

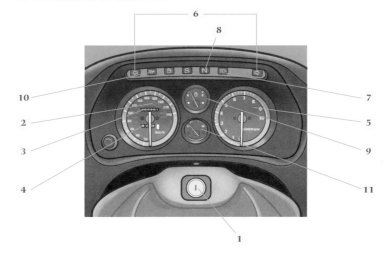

1. Commutateur de contact
2. Indicateur de vitesse
3. Compteur kilométrique
4. Totalisateur journalier
5. Tachymètre
6. Témoin du feu de changement de direction

7. Témoin de feu de route
8. Témoin de point mort
9. Indicateur de niveau d'essence
10. Témoin de pression d'huile
11. Indicateur de température du liquide de refroidissement

Commutateur de contact : commande les circuits électriques en y introduisant la clé. Le moteur tourne en position de marche «ON». La position d'arrêt «OFF» coupe les circuits électriques et le moteur, ce qui permet alors de retirer la clé. Sur la plupart des motos, se trouve une position d'antivol «LOCK», permettant de verrouiller la colonne de direction. La position «PARK» verrouille le guidon et met en fonction le feu arrière.

Indicateur de vitesse : indique la vitesse de la moto en kilomètres par heure (km/h).

Compteur kilométrique : indique le nombre total de kilomètres parcourus.

Totalisateur journalier : indique le nombre de kilomètres parcourus depuis la dernière remise à zéro.

Tachymètre ou compte-tours : indique le régime du moteur en révolutions par minute (RPM) et comporte une zone rouge indiquant la vitesse de rotation maximale de sécurité du moteur.

Témoin du feu de changement de direction (jaune ou ambre) : indique que le feu de changement de direction, gauche ou droit, selon le cas, est activé.

Témoin de feu de route (rouge ou bleu) : indique que le phare est à la plus haute intensité (feu de route).

Témoin de point mort (vert) : indique que la transmission est au point mort.

Indicateur de niveau d'essence : indique la quantité approximative d'essence dans le réservoir. «F» signifie qu'il est plein et «E» qu'il est presque vide.

Témoin de pression d'huile : indique que la pression d'huile est insuffisante ou que le niveau d'huile est trop bas. Le témoin s'allume aussi lorsque la clé de contact est à la position «ON» et que le moteur ne tourne pas; il s'éteint ensuite après quelques secondes.

Le fait de circuler quand la pression d'huile est insuffisante peut sérieusement endommager le moteur et faire perdre la maîtrise de la moto.

Indicateur de température du liquide de refroidissement : renseigne sur la température du liquide de refroidissement quand la clé de contact est en position «ON».

■ CÔTÉ DROIT DU GUIDON

• Levier du frein avant

Permet d'actionner le mécanisme du frein sur la roue avant. Pour l'utiliser, il faut serrer le levier vers la poignée en se servant des quatre doigts opposés au pouce.

Saviez-vous que...

Sur certaines motos, le levier du frein avant peut s'ajuster en fonction de la longueur des doigts.

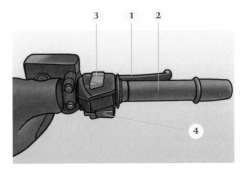

1. Levier du frein avant
2. Poignée des gaz
3. Interrupteur d'urgence
4. Démarreur électrique

• Poignée des gaz

Règle l'arrivée d'essence, le régime du moteur et, par le fait même, commande la vitesse de la moto. Pour en augmenter la puissance, le motocycliste tourne la poignée vers lui; pour la réduire, il la tourne vers l'avant. La poignée doit reprendre sa position normale quand elle est relâchée. Le moteur tourne alors au ralenti.

• **Interrupteur d'urgence**

Permet d'éteindre le moteur tout en gardant les mains sur le guidon, car il s'actionne avec le pouce. Il est préférable de prendre l'habitude de l'utiliser pour éteindre le moteur, ce qui permet de s'assurer du bon fonctionnement de la commande et d'avoir le réflexe de l'utiliser s'il faut éteindre le moteur rapidement. Par contre, cet interrupteur ne remplace pas la clé de contact, qu'il faut tourner immédiatement après avoir fermé le moteur avec l'interrupteur. Lorsque l'interrupteur est en position d'arrêt «OFF», il faut le replacer en position de marche «RUN» pour que le moteur puisse redémarrer.

Il ne faut pas oublier de serrer le levier de débrayage, si l'interrupteur d'urgence est utilisé en circulant pour éviter un blocage de la roue arrière.

• **Démarreur électrique**

Permet le démarrage du moteur : il suffit d'appuyer dessus.

Par mesure de sécurité, il vaut mieux serrer aussi le levier de débrayage.

■ **CÔTÉ GAUCHE DU GUIDON**

• **Levier de débrayage**

Permet de désengager la transmission d'avec le moteur. En serrant le levier contre la poignée, le motocycliste déclenche l'embrayage, c'est-à-dire qu'il interrompt le lien entre le moteur et la transmission.

Saviez-vous que...

Sur toutes les motos importées au Canada depuis la fin des années 70, le phare s'allume automatiquement lorsque le moteur est en marche.

• **Commutateur de phare**

Permet de choisir entre le feu de route, en position «HI», et le feu de croisement, en position «LO».

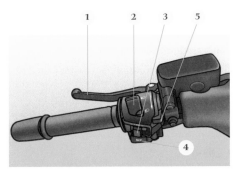

1. Levier de débrayage
2. Commutateur de phare
3. Commutateur de feux de changement de direction
4. Commutateur de l'avertisseur sonore (klaxon)
5. Étrangleur («choke»)

• Commutateur de feux de changement de direction

Met en fonction les feux de changement de direction arrière et avant. Il faut pousser le «R» pour actionner ceux de droite et le «L» pour ceux de gauche.

Comme la plupart des feux de changement de direction ne s'éteignent pas automatiquement sur une moto, il faut penser à les désactiver. Les laisser inutilement en fonction peut induire en erreur les conducteurs qui se trouvent dans l'environnement immédiat.

Il faut se méfier des feux de changement de direction qui s'arrêtent automatiquement, car leur durée de fonctionnement est relativement longue et peut causer de la confusion auprès des autres usagers de la route.

• Commutateur de l'avertisseur sonore (klaxon)

Permet de faire entendre l'avertisseur sonore, en appuyant sur le commutateur avec le pouce gauche.

• Étrangleur («choke»)

Dose le mélange air-essence fourni au moteur, ce qui facilite le démarrage du moteur lorsqu'il est froid. Dès que le moteur se réchauffe, il faut pousser graduellement la manette de l'étrangleur jusqu'à la fermer complètement dès que le moteur maintient un bon régime au ralenti.

Il vaut mieux ne pas laisser «surrévolutionner» le moteur, car l'huile alors ne se répand pas sur les composantes et cela peut endommager le moteur.

Habituellement, il vaut mieux ne pas utiliser la poignée des gaz en même temps que l'étrangleur, car cette manœuvre appauvrit le mélange d'air et d'essence et rend le démarrage difficile.

■ AUTRES COMPOSANTES DE LA MOTO

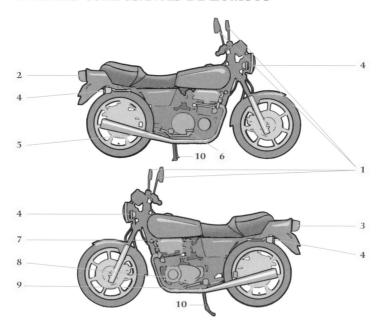

1. Rétroviseurs

2. Feu de freinage

3. Feu de position arrière

4. Feu indicateur de changement de direction

5. Repose-pieds

6. Pédale de frein arrière

7. Robinet d'essence (sur certains modèles)

8. Jauge et témoin de niveau d'huile

9. Sélecteur de vitesse

10. Béquille latérale ou centrale

• Rétroviseurs

Permettent de voir ce qui se passe à l'arrière du côté gauche et à l'arrière du côté droit de la moto.

L'ajustement des rétroviseurs est traité dans le deuxième chapitre, Observer-Évaluer-Agir.

• Feu de freinage

S'allume à l'arrière de la moto dès que le frein avant ou le frein arrière est appliqué.

• Feu de position arrière

S'allume à l'arrière au démarrage du moteur

• Feu indicateur de changement de direction

Clignote à l'avant et à l'arrière de la moto, du côté droit ou gauche, selon la position du commutateur.

• Repose-pieds

Servent de point d'appui au motocycliste et à son passager.

• Pédale de frein arrière

Permet de transmettre la puissance nécessaire au mécanisme qui serre le frein sur la roue arrière. Il faut appuyer sur la pédale avec le pied droit, vers le bas. Plus grande est la pression, plus grande est la force de freinage exercée.

 Toutefois, il faut savoir que si la roue arrière bloque, cela risque de provoquer un dérapage, d'où l'importance de bien maîtriser la technique de freinage.

• Robinet d'essence (sur certains modèles)

Commande l'alimentation du moteur en essence.

On permet à l'essence de se rendre au moteur, de démarrer et de tourner.

Res ou **Reserve** permet d'utiliser l'essence restante lorsque le niveau d'essence est au plus bas et que l'essence ne se rend plus au moteur.

Off permet de fermer l'arrivée d'essence.

Pri ou **Primer** s'utilise sur les motos munies d'une soupape de ventilation, après être tombé en panne sèche ou après avoir procédé à la vidange du carburant et refait le plein. Il s'agit de la position **Amorçage.**

Il vaut mieux connaître l'emplacement du robinet d'essence à partir de la position assise sur la moto. Si une panne survient pendant que le motocycliste circule, il peut changer rapidement la position de «on» à «res» sans provoquer de mauvaises manœuvres de conduite.

• Jauge et témoin de niveau d'huile

Permettent de connaître le niveau d'huile du moteur.

Pour permettre une lecture juste, il vaut mieux que la moto soit immobilisée sur un terrain plat et que le moteur soit froid.

• Sélecteur de vitesse

Permet de passer d'un rapport de vitesse à un autre, ainsi qu'au point mort (neutre).

• **Béquille latérale ou centrale**

Permet de stationner respectivement en position inclinée ou verticale. Certaines motos ne possèdent que la béquille latérale.

 La béquille latérale est habituellement suffisante pour le stationnement sur une surface plane et dure, alors que la béquille centrale procure davantage de stabilité sur certaines surfaces plus problématiques, comme le sable, la terre ou le gazon.

■ FAÇON DE MONTER SUR LA MOTO

- Se placer du côté de la béquille latérale.
- Serrer le frein avant et saisir fermement les deux poignées.
- Redresser le guidon en le plaçant droit.
- Passer la jambe droite par-dessus le siège.
- Se tenir à califourchon avant de s'asseoir.
- Poser les deux pieds à plat sur le sol.
- Redresser ensuite la moto.
- Relever la béquille latérale avec le talon.

■ POSITION DE CONDUITE

La position du corps est essentielle à la parfaite maîtrise de la moto, d'où l'expression faire corps avec la moto.

• **Corps**

Le motocycliste doit pouvoir accéder facilement aux commandes, sans avoir à bouger le corps. Pour être à l'aise en conduite, il faut être en mesure de tourner le guidon sans devoir s'étirer et ainsi de toucher aux poignées en gardant les bras légèrement fléchis. La position la plus confortable possible se trouve en se déplaçant vers l'avant ou vers l'arrière du siège. Une position détendue prévient la fatigue tout en facilitant le maintien de l'équilibre.

Règle générale, la position de conduite suivante est conseillée :

- Dos droit, corps légèrement incliné vers l'avant.

- Genoux serrés sur le réservoir.

- Pieds sur les repose-pieds.

- Regard portant loin devant.

- Mains sur le guidon, sans toucher aux commandes.

- Bras légèrement pliés.

Pour déterminer la meilleure position de conduite, il faut voir à ce que le poids du corps soit le plus près possible du centre de gravité de la moto. La longueur des bras et des jambes aura une influence sur la position de conduite. Il est recommandé de s'asseoir près du réservoir, dans la position qui procure le plus de confort.

Le fait de s'asseoir trop à l'arrière, les bras complètement tendus, risque de faire dévier la moto. Par contre, le fait de s'asseoir trop à l'avant ne facilite pas non plus la maîtrise de la moto.

• Poignets et mains

Le motocycliste doit tenir le guidon fermement, ce qui lui permet de ne pas lâcher prise si la roue avant de la moto se met à vibrer de gauche à droite.

Saviez-vous que...

Sur certaines motos, le levier de débrayage peut s'ajuster en fonction de la longueur des doigts.

Position

- Le poignet est fléchi vers le bas, légèrement cassé, afin d'éviter d'accélérer par mégarde.
- La paume de la main et le pouce actionnent la poignée des gaz.
- Les autres doigts commandent le levier du frein avant, mais doivent être fermés sur le guidon durant la conduite.

• Genoux

Il faut garder les genoux contre le réservoir, ce qui favorise la stabilité de la moto et facilite le maintien de l'équilibre pendant les virages.

• Pieds

Pour maintenir l'équilibre du motocycliste lorsqu'il circule, ses pieds doivent être fermement appuyés sur les repose-pieds.

Il faut garder le pied près de la pédale de frein afin d'y accéder rapidement, si nécessaire.

Il faut éviter de laisser les pieds traînés sur le sol. S'ils heurtent un obstacle, ils peuvent causer des blessures, voire provoquer une perte de maîtrise de la moto.

Il faut placer les pieds sur les repose-pieds, afin d'éviter qu'ils ne se coincent entre la chaussée et les repose-pieds.

PRÉPARATION DE LA MOTO

Les vérifications périodiques ne prennent que quelques minutes mais le surcroît de sécurité qu'elles assurent compense ce léger contretemps. Le manuel du propriétaire est le meilleur guide, car chaque moto a ses particularités. Les points suivants sont à vérifier :

• Pneus

Gonflement, bande de roulement et état général

Les pneus doivent être bien gonflés pour assurer le maniement parfait de la moto et surtout pour un freinage efficace. Un pneu trop gonflé s'use plus vite alors qu'un pneu manquant d'air peut provoquer un échauffement et éclater. De plus, des pneus insuffisamment gonflés demandent une plus grande distance de freinage.

La bande de roulement doit être soigneusement inspectée. Si l'usure est excessive ou inégale, un dérapage est à craindre, surtout sur une chaussée mouillée. Les pneus sont fabriqués de façon à ce que l'inclinaison des rainures favorise l'évacuation de l'eau accumulée sous la bande de roulement. Généralement, une flèche sur le flanc du pneu indique le sens de rotation de la roue pour assurer une bonne évacuation de l'eau. Il vaut mieux ne pas circuler avec un pneu dont la bande de roulement est inférieure à 1,6 mm d'épaisseur. La bande de roulement de certains pneus est marquée d'un indicateur d'usure.

L'éclatement d'un pneu est toujours très dangereux. Il faut vérifier s'il y a des éclats de verre, des clous ou tout autre objet dans la bande de roulement, des crevasses sur les flancs, etc.

Il faut vérifier la pression d'air à l'aide d'un manomètre, quand le pneu est froid. Il vaut mieux consulter le manuel du propriétaire, car chaque pneu présente ses caractéristiques selon l'utilisation et les conditions de conduite.

• Roues

Jantes, fissures et déformation

Il faut vérifier la tension des rayons des roues avec la main ou en y appuyant un objet métallique, tout en faisant tourner la roue. La différence de son permet de déceler les rayons distendus. La roue en alliage nécessite moins d'entretien, mais il faut s'assurer de temps à autre qu'elle n'est pas fissurée. De même, aucune pièce de fixation ne doit être manquante ou desserrée.

• Freins

Fuites d'huile, niveau de liquide, jeu, fonctionnement du levier et de la pédale

Il faut actionner à fond, et ce, alternativement, le frein avant et le frein arrière pour s'assurer que l'un et l'autre immobilisent la moto. Il faut vérifier s'il n'y a pas de fuite et si le niveau du liquide est adéquat. Une sensation de mollesse dans le levier ou dans la pédale de frein indique une défectuosité du système de freinage.

• Indicateurs et témoins

Fonctionnement

Il faut vérifier le fonctionnement des témoins et des indicateurs en tournant la clé de contact.

• Levier de débrayage et poignée des gaz

Fonctionnement en souplesse et réglage

La poignée des gaz et le levier de débrayage doivent revenir en place dès qu'ils sont relâchés. Un usage fréquent peut demander un réglage régulier. Le motocycliste s'assure que le moteur tourne au ralenti une fois la poignée des gaz relâchée.

• Câbles des commandes et des compteurs

Signes d'endommagement

Les câbles et les gaines des commandes et des compteurs ne doivent pas être coupés, fendus ou tortillés.

La rupture d'un câble peut être à l'origine d'une perte de contrôle.

• Phares et feux

Positions, fonctionnement et propreté

Les phares et les feux doivent être propres et en état de fonctionner. Le feu de freinage doit s'allumer lorsque le motocycliste serre le frein avant ou appuie sur le frein arrière. Il s'assure que la plaque d'immatriculation est bien éclairée et que les témoins des feux fonctionnent.

Il est conseillé de circuler avec les phares de route en conduite de jour.

Pour vérifier si le ou les phares s'allument, en conduite de jour, il suffit de placer la main devant. Pour la conduite de nuit, il faut s'assurer que le phare avant s'allume dans les deux positions (croisement et route).

• Avertisseur sonore

Fonctionnement

Il faut s'assurer que l'avertisseur sonore (klaxon) se fait bien entendre.

• Essence, huile et liquide de refroidissement

Niveau, fuites

Il faut s'assurer qu'il y a suffisamment d'essence dans le réservoir, que le niveau d'huile est adéquat et qu'il n'y a aucune fuite d'essence ou d'huile.

Il faut s'assurer que le liquide de refroidissement est au niveau recommandé, quand le moteur est froid.

• Rétroviseurs

Réglage, état

Il est nécessaire de vérifier la qualité de l'image des rétroviseurs, ils ne doivent être ni cassés, fêlés ou ternis.

• Boulons et écrous

Présence et serrage au besoin

À cause des vibrations, il faut vérifier périodiquement les écrous et les boulons. Il faut se référer au manuel du propriétaire pour savoir comment serrer correctement ces pièces, avec une clé dynamométrique.

■ VÉRIFICATION ET ENTRETIEN PÉRIODIQUES

La partie qui suit ne prétend pas remplacer le manuel du propriétaire, qui contient les renseignements spécifiques aux types de moto. Elle veut seulement informer le motocycliste sur les vérifications périodiques à faire.

Selon la distance parcourue, il faut vérifier ou remplacer les éléments suivants, de façon périodique :

Huile à moteur	– vérifier le niveau d'huile;
	– vidanger au besoin.
Liquide de refroidissement	– vérifier le niveau et les fuites;
	– vidanger au besoin.
Filtre à air	– nettoyer ou remplacer.

Filtre à l'huile	– remplacer.
Carburateur	– vérifier et ajuster.
Réservoir à essence, robinet et les conduites	– vérifier et nettoyer.
Bougies	– nettoyer et changer si nécessaire.
Freins	– vérifier le fonctionnement, le niveau et les fuites de liquide; – vérifier l'indicateur d'usure des plaquettes de frein.
Embrayage	*selon le cas :* – régler le jeu du câble ou – vérifier le niveau du liquide.
Fourche avant	– régler la force d'amortissement (si disponible); – vérifier le fonctionnement et les fuites d'huile.
Amortisseur arrière	– régler l'amortisseur; – vérifier le fonctionnement et les fuites d'huile.
Roues	– vérifier les rayons et les jantes.
Chaîne	– vérifier l'alignement, la lubrification et la tension; – nettoyer et lubrifier avec le lubrifiant approprié.

 Il faut se référer au manuel du propriétaire pour l'ajustement et la tension de la chaîne, car l'ajustement varie selon les modèles.

Courroie	– vérifier l'alignement et la tension.
Arbre de transmission	– vérifier les fuites d'huile; – vidanger au besoin.
Béquille latérale	– vérifier son fonctionnement et le ressort; – lubrifier au besoin.

Certains signes avertisseurs, comme des bruits, des vibrations, un manque de puissance du moteur ou des fuites d'huile, témoignent d'une défectuosité. Il faut en trouver la source et faire les réparations qui s'imposent, quitte à consulter un bon mécanicien quand cela dépasse ses capacités.

Il faut être à l'écoute de sa moto pour qu'elle se comporte efficacement sur la route.

EXERCICES

Choix multiple

Question 1

Quels éléments sont reconnus comme étant plus spécifiques à la conduite de la moto ?

a) L'exposition au risque, l'équilibre et la planification de son parcours.
b) La visibilité, l'expérience de conduite et la connaissance de son véhicule.
c) La visibilité, l'exposition au risque et l'équilibre.
d) L'équilibre, l'exposition au risque et le jugement.

Vrai ou faux   V   F

Question 2

En tout temps, le motocycliste est le meilleur juge des risques qu'il est prêt à assumer en vertu de sa situation particulière de conduite.

Question 3

Conduire sa moto, seul ou avec un passager, ne fait aucune différence sur la conduite de celle-ci.

Question 4

L'interrupteur d'urgence doit être actionné pour éteindre le moteur en cas d'urgence seulement.

Question 5

Il faut garder les genoux serrés contre le réservoir, car cette position favorise la stabilité de la moto et facilite le maintien de l'équilibre pendant les virages.

Réponses :
1-C   2-V   3-F   4-F *Au contraire, il est préférable de prendre l'habitude de l'utiliser pour éteindre le moteur pour avoir le réflexe de l'utiliser en cas d'urgence.*   5-V

Apprentissage de base : Observer-Évaluer-Agir

INTRODUCTION

Le motocycliste peu expérimenté doit être conscient qu'il sera davantage préoccupé par la maîtrise de sa moto. Par contre, cela ne doit pas avoir pour effet qu'il néglige ce qui l'entoure; car ses sens doivent constamment être en alerte, il en va de sa sécurité.

À cet égard, la séquence **Observer-Évaluer-Agir** est une méthode efficace d'exploration de la route. Après avoir bien observé son environnement, le motocycliste pourra évaluer les différentes situations et ainsi agir en ayant des réactions appropriées. D'où l'importance pour le motocycliste de bien voir et surtout de bien prévoir.

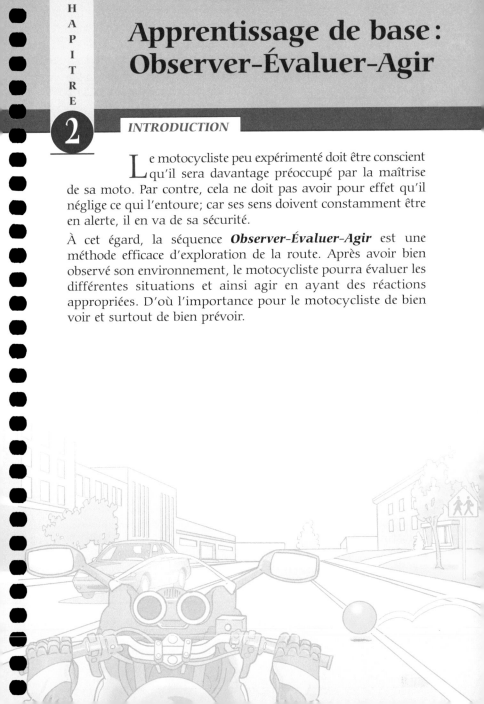

OBSERVER-ÉVALUER-AGIR

Dans un contexte de conduite, le motocycliste doit observer son environnement, ce qui signifie d'être conscient de ce qui l'entoure, de regarder et d'écouter. Il doit pouvoir compter sur la sensibilité de ses sens afin d'assurer sa sécurité.

Saviez-vous que...

À une vitesse de 60 km/h, le motocycliste parcourt un kilomètre par minute.

 Le motocycliste en début d'apprentissage doit garder en mémoire qu'il ne peut pas se concentrer uniquement sur la maîtrise de sa moto.

Grâce à la méthode d'exploration **Observer-Évaluer-Agir**, le motocycliste peut voir et évaluer rapidement ce qui se passe autour de lui, ce qui lui permet de se positionner à l'endroit approprié, de circuler à une vitesse convenant aux conditions routières et climatiques. Il peut anticiper les situations et éviter ainsi qu'elles deviennent complexes.

Par conséquent, la notion d'observer implique de savoir « lire la route ». Une lecture efficace demande assurément une bonne vision, surtout de la part d'un motocycliste, car sa marge de manœuvre est mince.

■ IMPORTANCE DE LA VISION

Comme les yeux fournissent environ 90 % de toute l'information nécessaire à la prise de décision, le motocycliste doit s'en préoccuper. Le motocycliste doit être en mesure de distinguer les détails, aussi bien de près que de loin. Toute atteinte significative des fonctions visuelles diminue le rendement d'un conducteur sur la route, principalement au moment de la prise de décision, d'où le risque de perte de contrôle ou d'accident.

Saviez-vous que...

L'exposition constante au vent et à la poussière peut entraîner une tension oculaire, causer des maux de tête et de la somnolence. Cela peut également réduire la vision périphérique (champ de vision) ou détériorer la concentration oculaire et la perception des distances.

Généralement, le fait de conduire sans arrêt trop longtemps amène de la fatigue chez le conducteur, ce qui réduit ses fonctions visuelles. Cela va à l'encontre d'une attitude préventive et augmente les risques de chute ou d'accident.

Par ailleurs, la vision binoculaire est la capacité d'évaluer les distances, elle devient particulièrement importante pour faire face à des situations critiques. À titre d'exemple, un véhicule venant en sens inverse et s'apprêtant à tourner à gauche, un piéton qui désire traverser la rue sans avoir de priorité de passage, un cycliste surgissant à droite dans le but de tourner à la prochaine intersection, etc.

Somme toute, le motocycliste a tout intérêt à développer sa capacité d'anticipation. En effet, divers obstacles peuvent obstruer la vue du motocycliste, il doit donc se méfier de ce qui peut être dissimulé par ceux-ci (véhicule lourd, arbre imposant, flaque d'eau cachant une cavité profonde, etc.)

■ GARDER LES YEUX EN MOUVEMENT

Le motocycliste doit apprendre à lire la route, par un mouvement des yeux, qualifié de balayage visuel. Par exemple, le motocycliste doit bouger ses yeux, par un mouvement alternant : gauche-avant-droite et droite-avant-gauche. Il doit aussi vérifier régulièrement ce qui se passe derrière lui.

Le motocycliste doit prêter attention aux modifications du tracé de la route, aux objets ou aux débris sur la chaussée, ainsi qu'au type et à l'état de son revêtement. Il faut repérer les trous, les flaques d'huile ou d'eau, les feuilles mouillées, les plaques d'égout, etc. Il ne faut jamais tenir pour acquis que la chaussée est libre de tout danger. Le motocycliste doit vérifier, entre autres, les bords de la route et les trottoirs pour s'assurer d'avoir une vue d'ensemble de ce qui l'entoure.

L'habitude de bouger les yeux les repose et aide le motocycliste à garder sa concentration.

■ REGARDER LOIN

Le motocycliste regarde le plus loin possible, ce qui lui permet de repérer, au-delà du véhicule qui le précède, les mouvements de la circulation. S'il est incapable de voir clairement devant lui, il réduit sa vitesse de manière à se donner le temps et la distance nécessaires pour réagir. La même règle s'applique dans les virages et dans les courbes. L'exercice qui consiste à tenter le plus possible de voir la fin du virage ou de la courbe aide le motocycliste à exécuter une manœuvre uniforme et sûre.

Saviez-vous que...

Une règle de base de la conduite veut que tout véhicule se dirige inévitablement là où fixe le conducteur. Le fait de regarder loin donne un mouvement rectiligne à la moto.

■ ÉLARGIR SON CHAMP DE VISION

Le champ visuel se définit comme l'ensemble de ce qui est également perçu au moment où les yeux se concentrent sur un point. Cependant, si le conducteur fixe un point, son champ visuel s'en trouve affecté.

Saviez-vous que...

Le champ visuel rétrécit de 20 degrés pour chaque tranche de 15 km/h d'augmentation de la vitesse.

Au fur et à mesure que le conducteur accélère, son champ visuel se rétrécit.

• Avant et sur les côtés

Le champ visuel se compose de la vision centrale et de la vision périphérique. La vision centrale permet de distinguer les détails et les couleurs, tandis que la vision périphérique permet de repérer les mouvements, les formes et les masses.

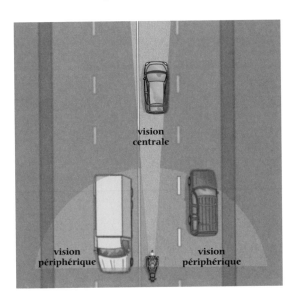

En effet, la vision périphérique, pouvant atteindre jusqu'à 180°, joue le rôle d'un radar qui scrute ce qui l'entoure et attire l'attention du conducteur sur ce qu'il a repéré. Les images envoyées au cerveau sont ensuite traitées de façon à juger des distances et à évaluer la vitesse du véhicule.

En se servant de la lecture fournie par la vision centrale et périphérique, le motocycliste se donne plus de temps pour réagir à tout ce qui pourrait affecter sa conduite.

Cependant, le motocycliste ayant développé l'habileté à balayer du regard son environnement est rapidement inondé d'information. Il doit alors apprendre à utiliser sa vision de façon sélective. Autrement dit, il doit s'intéresser particulièrement à ce qui est important pour la conduite.

Ainsi, il repère :

- les obstacles;
- les sortes d'intersection et le tracé de la route;
- les panneaux de signalisation routière;
- le comportement des autres usagers de la route.

L'attention portée à certains indices permet une meilleure anticipation des agissements des autres conducteurs et permet au motocycliste de bénéficier de plus de temps pour réagir.

• **Derrière**

En plus de regarder à l'avant et sur les côtés, il importe aussi au motocycliste de vérifier régulièrement, à l'aide de ses rétroviseurs, ce qui se passe derrière lui.

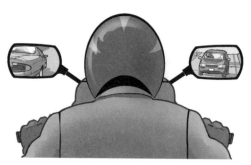

- Rétroviseurs

Les rétroviseurs offrent la seule référence visuelle sur ce qui se passe derrière le motocycliste, d'où l'importance qu'ils soient ajustés pour procurer un maximum de vision. Il faut les ajuster avant le départ, en position normale de conduite, une fois les béquilles relevées.

Pour ce faire, il les dispose suffisamment à l'extérieur de manière à voir à l'arrière, ce qui lui permet de voir la moitié de la voie derrière lui et le plus loin possible sur le côté.

Comme la circulation change rapidement, il faut aussi regarder dans les rétroviseurs à intervalles réguliers, par exemple aux 10 à 12 secondes, même lorsque le motocycliste circule en ligne droite, soit :

- avant de ralentir ou de s'immobiliser;
- avant de changer de voie;
- avant d'effectuer un virage à une intersection;
- avant de s'insérer dans la circulation ou d'en sortir;
- pendant l'immobilisation aux arrêts, pour surveiller les autres usagers de la route venant derrière.

Aussi, l'ajustement des rétroviseurs vise à réduire quelque peu les angles morts, mais ne peut les éliminer complètement. En plus d'utiliser ses rétroviseurs, le conducteur doit donc également vérifier ses angles morts.

- Angles morts

Malgré un ajustement adéquat des rétroviseurs, certaines parties de l'espace de chaque côté et à l'arrière du véhicule demeurent dissimulées au motocycliste. Cette zone, nommée angle mort, ne peut être perçue ni par le champ de vision ni par les rétroviseurs. Le motocycliste doit porter une attention toute spéciale à la zone d'angle mort, car les risques de collision y sont plus élevés.

Pour effectuer cette vérification, il tourne rapidement la tête du côté où il veut modifier sa trajectoire, de manière à regarder par-dessus son épaule, sans toutefois bouger le corps. **Seul ce coup d'œil rapide à l'endroit où se trouve l'angle mort permet de vérifier si un véhicule, un cycliste ou un piéton s'y trouve.**

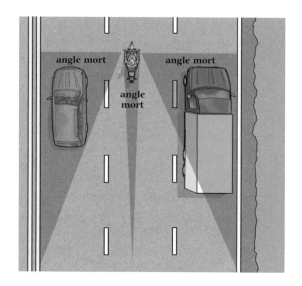

Cette vérification doit être effectuée chaque fois que le conducteur s'apprête à effectuer un changement de trajectoire et qu'un risque de collision est présent. Par exemple, avant de :

- s'insérer dans la circulation ou d'en sortir;
- changer de voie;
- tourner à une intersection;
- faire marche arrière;
- quitter un espace de stationnement.

 Le motocycliste doit veiller à ne pas circuler trop longtemps dans l'angle mort d'un autre usager de la route. Il évite ainsi de se faire surprendre par une manœuvre brusque d'un conducteur, moins conscient de l'importance de vérifier l'angle mort.

En présence d'un véhicule lourd, les angles morts sont multipliés, le motocycliste doit en être conscient et ne pas provoquer inutilement de situations dangereuses.

Les angles morts d'un véhicule lourd sont situés :

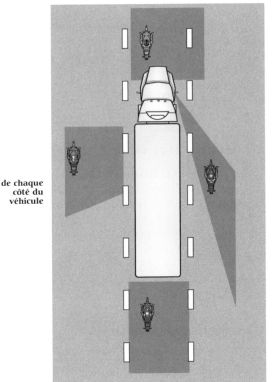

à l'avant
du véhicule

de chaque
côté du
véhicule

de chaque
côté du
véhicule

à l'arrière
du véhicule

– Bords de la route

Avant d'effectuer un changement de direction ou de position, le motocycliste doit vérifier le bord de la route et être attentif à un véhicule tentant de s'insérer dans la circulation, à un cycliste s'apprêtant à effectuer un virage, etc.

 Le fait de capter le plus d'information possible entraîne une meilleure évaluation de la situation.

OBSERVER-ÉVALUER-AGIR

La collecte d'information facilite la tâche au motocycliste à l'étape de l'évaluation de la situation. À cette étape, il faut identifier les problèmes et les risques réels ou potentiels, anticiper les risques de collision et arrêter son choix sur la solution la plus appropriée à la situation.

Saviez-vous que...

Le duo inattention et inexpérience constitue une association risquée!

■ ÉVALUER LE RISQUE RÉEL OU POTENTIEL

Rappelons-le, **vigilance, attention et repérage** constants sont là des traits qui caractérisent la conduite du motocycliste compétent. Une conduite sécuritaire implique l'habileté à déceler les risques présents dans l'environnement du motocycliste. Le risque inclut tout ce qui peut constituer une menace ou un danger pour le conducteur ou un autre usager de la route.

Le motocycliste doit aussi se soucier de prévoir les conséquences associées au risque. L'évaluation de ces conséquences fait aussi partie du processus de prise de décision.

■ CHOIX DE LA SOLUTION APPROPRIÉE

Après avoir évalué la situation, le motocycliste prend une décision en tenant compte du contexte auquel il est confronté, par exemple :

- sa vitesse;
- l'évaluation de la distance le séparant des autres véhicules;
- la possibilité d'effectuer un changement de voie;
- la possibilité d'effectuer un dépassement;
- la possibilité d'effectuer un contre-braquage;
- la possibilité d'effectuer un freinage dans des conditions normales.

En se donnant le temps de réagir, le motocycliste peut éviter un arrêt en catastrophe, représentant un risque potentiel de chute.

OBSERVER-ÉVALUER-AGIR

Cette étape fait place au savoir-faire, donc à des connaissances et à des compétences techniques. Agir, c'est passer à l'action en appliquant au bon moment les mesures appropriées. Le temps de réaction, la coordination et l'équilibre sont déterminants quand vient le moment d'exécuter les manœuvres appropriées, que ce soit pour modifier sa vitesse, s'immobiliser, changer de position ou de direction, etc.

Les techniques de conduite ne s'acquièrent pas du jour au lendemain, elles demandent de la pratique. Cependant, leur maîtrise est indispensable, surtout lorsque la situation requiert de faire rapidement une action.

EXERCICES

Choix multiple

Question 1

Quel est le pourcentage d'information que les yeux transmettent au conducteur et qui s'avère particulièrement utile à la prise de décision ?

a) 60 %
b) 70 %
c) 80 %
d) 90 %

Question 2

Quelle est la méthode d'exploration que tout conducteur doit nécessairement maîtriser ?

a) Évaluer-Agir-Observer
b) Agir-Évaluer-Observer
c) Observer-Évaluer-Agir
d) Observer-Agir-Évaluer

Vrai ou faux

V   F

Question 3

Le fait de garder les yeux en mouvement permet au motocycliste de moins ressentir la fatigue.

Question 4

Le fait de se placer dans l'angle mort d'un autre conducteur permet au motocycliste d'être en sécurité pendant ce temps.

Question 5

Il n'est pas vraiment important pour le motocycliste de vérifier dans ses rétroviseurs lorsqu'il est immobilisé à un feu rouge.

Question 6

Le fait de regarder longtemps un angle mort n'affecte en rien la conduite.

Réponses :
1-D   2-C   3-V   4-F   5-F
6-F Le fait de regarder longtemps peut amener le motocycliste à dévier légèrement de ce côté.

Maîtrise de la moto

INTRODUCTION

L'univers est régi par des lois de la physique auxquelles tout conducteur est soumis. Comme le motocycliste ne peut y échapper, il doit y obéir sans condition. Pour une meilleure compréhension des forces en présence lors de la conduite de la moto, quelques principes seront abordés. Seront présentés par la suite le démarrage du moteur, le déplacement à basse vitesse, le changement du rapport de vitesse, les techniques de freinage et d'immobilisation, ainsi que les différentes techniques pour les virages.

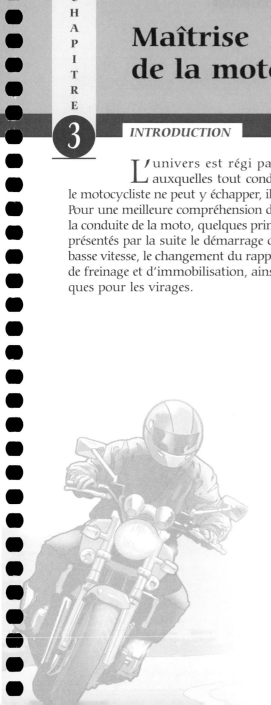

FORCES EN PRÉSENCE

Une fois que le motocycliste a pris connaissance des forces en présence, il devrait être en mesure de mieux en prévoir les effets, pour ainsi mieux assurer sa sécurité et celle des autres usagers de la route, pendant la conduite.

■ INERTIE

L'inertie se définit comme étant la résistance qu'un corps oppose au mouvement. Il en résulte que pour déplacer un objet, il faut lui appliquer une force. Lorsque la moto se déplace en ligne droite, elle conserve sa trajectoire rectiligne si aucune autre force ne vient la ralentir ou modifier sa direction. S'il devient nécessaire de procéder à un virage, il faut donc vaincre cette tendance à avancer en ligne droite.

L'inertie agit sur le contrôle de la moto et affecte le conducteur de même que son passager. Par exemple, les effets ressentis durant une accélération rapide à partir d'un arrêt, une décélération subite à grande vitesse ou même encore un virage pris trop rapidement.

Plus la vitesse de la moto est grande, plus la force d'inertie est grande. Pour que la moto puisse prendre un virage, il faut que la force de traction (l'adhérence) soit plus grande que la force d'inertie, ainsi la moto pourra prendre la direction désirée.

■ FORCE CENTRIFUGE

La force centrifuge a pour effet d'attirer le véhicule vers l'extérieur de la courbe. Dans une telle situation, le motocycliste doit recourir à une technique lui permettant de poursuivre sa route dans la direction désirée en toute sécurité. Pour que la moto suive la trajectoire dans la courbe, il faut qu'une force s'exerce pour combattre l'inertie.

Plus le motocycliste circule rapidement dans une courbe, plus la force d'inertie est grande. De plus, si l'adhérence des pneus est insuffisante, la force d'inertie peut contribuer au dérapage de la moto. C'est ce qui se produit dans une courbe, si la surface est mouillée et que le véhicule circule trop rapidement. Comme l'adhérence est réduite sur une telle surface, la moto dérape.

 Il est important de retenir que l'état des pneus et de la chaussée ainsi que la vitesse jouent un rôle important lors des virages.

Outre les effets aérodynamiques engendrés par la vitesse, différents facteurs peuvent réduire l'adhérence des pneus sur la chaussée, entre autres, la présence de pluie, de glace noire, de feuilles mortes ou de sable et même des pneus usés ou insuffisamment gonflés.

Confronté à l'une ou l'autre de ces conditions, le motocycliste n'ayant pas adapté sa conduite ou n'ayant pas suffisamment développé ses habiletés de conduite risque davantage d'être pris au dépourvu par la diminution de l'adhérence et augmente ainsi la possibilité de perdre la maîtrise de la moto.

Une manœuvre brusque, notamment au niveau de l'accélération, du freinage ou des virages, au même titre qu'une combinaison de ces manœuvres, risque d'exiger une quantité d'adhérence plus grande que celle disponible.

Adhérence élevée

Chaussée sèche

Chaussée humide

Gravier

Glace noire

Adhérence basse

■ GRAVITÉ

La gravité est la force d'attraction que la Terre exerce sur les objets. C'est donc elle qui maintient la moto au sol. Ce phénomène est responsable de la perte de vitesse d'un véhicule lors de la montée d'une pente et de l'augmentation de la vitesse lors d'une descente. C'est pourquoi, dans une pente, pour contrer l'effet de la gravité, le motocycliste doit tourner davantage la poignée des gaz en montant et freiner plus intensément en descendant.

■ EFFET GYROSCOPIQUE

La moto reste en équilibre après avoir été mise en mouvement, grâce en partie à l'effet gyroscopique des roues. Grâce à cet effet, une roue animée d'un mouvement de rotation tend à maintenir sa position. Pour comprendre, il faut penser à la toupie tournant sur elle-même : plus elle tourne vite, meilleur est son équilibre. Ainsi, plus la rotation est faible, moins l'effet gyroscopique se fait sentir. C'est pourquoi il est plus difficile de maintenir la moto en équilibre à basse vitesse qu'à grande vitesse.

DÉMARRAGE DU MOTEUR

Considérant que la procédure pour le démarrage du moteur varie selon le fabricant, le motocycliste doit vérifier les consignes d'usage dans le manuel du propriétaire. Générale-ment, le moteur est chaud lorsque l'étrangleur est fermé et que le moteur fonctionne bien au ralenti.

Saviez-vous que...

Certaines motos sont munies d'un système de verrouillage qui empêche le démarrage si la béquille latérale n'est pas relevée.

Il est recommandé de toujours suivre la même méthode pour démarrer le moteur. Le motocycliste évite ainsi d'oublier des actions essentielles à sa sécurité et risque moins d'endommager le moteur.

De plus, il est préférable de mettre la transmission au point mort (neutre) avant de démarrer.

DÉPLACEMENT À BASSE VITESSE

■ MISE EN MOUVEMENT

Lorsque le moteur est réchauffé et que le motocycliste est prêt à partir, le motocycliste s'exerce à la prise de l'embrayage, communément appelée le point de friction. Il n'existe rien de plus efficace que la pratique pour maîtriser cette technique.

Saviez-vous que...

La pratique de la prise du point de friction sans tourner la poignée des gaz assure une bonne maîtrise de cette technique.

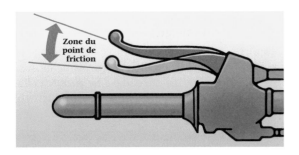

Zone du point de friction

Sur un terrain plat, les consignes suivantes sont appropriées :
- tenir les poignées du guidon et serrer le frein avant;
- pencher un peu la moto de façon à ce qu'elle repose sur la jambe droite; ainsi le pied gauche peut sélectionner une vitesse;
- éviter d'utiliser la poignée des gaz;
- serrer le levier de débrayage;
- engager la première vitesse en abaissant le sélecteur du bout du pied gauche;
- poser le pied gauche au sol; placer le pied droit sur le repose-pied et appuyer sur le frein arrière;
- relâcher le frein avant;
- regarder droit devant;
- relâcher graduellement le levier de débrayage pour trouver la position de la prise de l'embrayage et relâcher le frein arrière.

La technique qui précède facilite une mise en mouvement dans une pente.

À mesure que le motocycliste relâche le levier de débrayage, le régime du moteur diminue. Le point de friction est atteint au moment précis où la moto tend à se déplacer vers l'avant. À partir de ce point, le moteur cale si le motocycliste relâche trop vite le levier de débrayage.

Il est important de bien synchroniser l'embrayage et l'ouverture des gaz pour obtenir un meilleur contrôle de la mise en mouvement et pour éviter les saccades. Le motocycliste en début d'apprentissage doit s'exercer à trouver rapidement le point de friction et à retenir le levier à ce point, sans avoir à regarder le levier de débrayage.

Pour partir en douceur, il faut effectuer presque simultanément les étapes suivantes :
- appuyer sur le frein arrière;
- relâcher graduellement le levier de débrayage à partir du point de friction;

- relâcher le frein avant;
- tourner légèrement la poignée des gaz afin de fournir la puissance supplémentaire nécessaire pour faire avancer la moto;
- relâcher le frein arrière.

 En début d'apprentissage, il faut s'exercer à partir et à arrêter sur un terrain plat. Il faut garder en mémoire que la coordination du levier de débrayage et de la poignée des gaz est essentielle. Rien ne vaut la pratique.

■ MAINTIEN DE L'ÉQUILIBRE

Pour comprendre la difficulté de maintenir l'équilibre d'une moto, il est bon de se souvenir des premières balades à bicyclette. En effet, à basse vitesse, la conduite de la bicyclette et de la moto ont des points communs, car jusqu'à environ 10 km/h, la moto dévie facilement et doit constamment être gardée en équilibre.

Pour maintenir l'équilibre ainsi qu'une trajectoire rectiligne, il faut :

- utiliser adéquatement le guidon, l'embrayage et la poignée des gaz;
- garder la tête haute et regarder loin en avant;
- tenir les genoux près du réservoir;
- pour redresser la moto : tourner le guidon du côté où la moto tend à pencher ou tourner légèrement la poignée des gaz, en douceur (il est possible d'exécuter les deux actions simultanément).

Lorsque la vitesse de la moto atteint entre 15 et 20 km/h, sa stabilité augmente et elle n'a plus tendance, en ligne droite, à dévier de sa trajectoire.

■ CONDUITE AU RALENTI

La conduite à basse vitesse demande beaucoup d'habileté, ainsi qu'une bonne technique. Le motocycliste développe l'une et l'autre en faisant plusieurs exercices à faible vitesse, soit à moins de 10 km/h. À titre d'exemple, il s'exerce à la conduite en ligne droite, en zigzag, en cercle, à des figures en 8 et à des virages prononcés.

Au moment de l'exercice, le motocycliste doit :

- éviter d'incliner le corps dans le même sens que l'inclinaison de la moto;
- accélérer en douceur;
- embrayer progressivement, pour des mouvements en douceur.

Dans les manœuvres serrées, l'embrayage ne doit être que partiellement en prise. Ainsi, lorsque davantage de puissance est nécessaire, il faut relâcher le levier de débrayage un peu plus. Selon la puissance de la moto ou la vitesse désirée, il peut être nécessaire d'ouvrir davantage les gaz.

La moto n'étant pas très stable à moins de 15 km/h, il peut être tentant pour le motocycliste, inquiet quant au maintien de son équilibre, d'utiliser seulement le frein arrière pour arrêter. Toutefois, même à cette vitesse, il est préférable de freiner avec les deux freins.

CHANGEMENT DU RAPPORT DE VITESSE

Le changement de rapport de vitesse se fait avec le bout du pied, après avoir débrayé. Les motos peuvent être dotées de 4, 5 ou 6 rapports de vitesse, selon leur modèle, ainsi que d'un point mort (N). Au point mort, la transmission

Saviez-vous que...

Depuis le début des années 70, le point mort est toujours situé entre la 1ᵉ et la 2ᵉ vitesse du sélecteur de vitesse du côté gauche.

n'est pas engagée; elle ne transmet plus la puissance à la roue arrière. Le point mort est situé entre la première et la deuxième vitesse.

Les rapports sur le sélecteur de vitesse sont disposés de la façon suivante : première, point mort, deuxième, troisième, quatrième, cinquième vitesse, etc. Il faut appuyer vers le bas pour sélectionner la première vitesse à partir du point mort et vers le haut pour les rapports supérieurs, comme le montre l'illustration suivante :

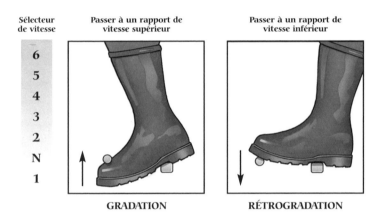

Le régime du moteur est déterminé par le choix du rapport de vitesse et par le dosage de la poignée des gaz. Plus le régime est élevé, plus la puissance est élevée à un rapport donné. Le régime du moteur se mesure en nombre de révolutions par minute (RPM), par le tachymètre. Pour utiliser adéquatement la puissance du moteur à une vitesse donnée, le motocycliste doit veiller à coordonner le régime du moteur et la vitesse de la moto.

Avec la pratique, le motocycliste reconnaît le moment de changer de rapport de vitesse, d'après le son et le comportement du moteur. En passant à un rapport supérieur, la vitesse de la moto augmente alors que le régime du moteur diminue. À l'inverse, en passant à un rapport inférieur, la vitesse diminue alors que le régime du moteur augmente, d'où une augmentation de la puissance.

S'il est vrai que le fait de maîtriser les changements de vitesse procure une conduite en douceur, il s'avère aussi utile pour éviter un impact, pour se préparer à effectuer un virage ou pour démarrer dans une pente. L'utilisation adéquate des vitesses assure au motocycliste la puissance nécessaire, si une accélération est requise.

■ PASSER À UN RAPPORT SUPÉRIEUR

Il faut passer à un rapport de vitesse supérieur avant que le moteur tourne trop rapidement. Lors de l'accélération, il faut changer de vitesse progressivement pour accorder la vitesse du moteur à la vitesse de croisière. L'ensemble du système

Saviez-vous que...

Le fait de ne pas utiliser le levier de débrayage lors d'un changement de rapport risque d'endommager le mécanisme.

d'entraînement exige un changement de rapport rapide mais en douceur. Le synchronisme parfait se développe par la pratique.

La façon de passer à un rapport supérieur est la même pour toutes les vitesses :

- relâcher la poignée des gaz et serrer le levier de débrayage aussitôt;
- changer de rapport à l'aide du sélecteur de vitesse;
- relâcher le levier de débrayage complètement et, en même temps, accélérer graduellement.

Il est recommandé de sélectionner le rapport de vitesse approprié à la vitesse à laquelle le motocycliste circule, ce qui permet de faire face à toute éventualité.

■ PASSER À UN RAPPORT INFÉRIEUR

Comme les vitesses inférieures procurent davantage de puissance, il est approprié de passer à un rapport inférieur dès que la puissance du moteur ne suffit plus pour maintenir la vitesse. Pour occasionner un léger ralentissement de la vitesse, il peut être suffisant de rétrograder.

Saviez-vous que...

La manœuvre de rétrogradation en douceur est plus complexe que le passage à une vitesse supérieure.

Avant de rétrograder, le motocycliste s'assure de circuler à une vitesse convenant à ce rapport, afin d'éviter d'emballer le moteur ou de bloquer la roue arrière, ce qui risque de provoquer un dérapage.

 Il vaut mieux ne pas changer de vitesse dans un virage. Si la rétrogradation est brutale, la roue arrière peut bloquer et provoquer un dérapage. Un excès de puissance dans un virage peut entraîner une perte d'adhérence de la roue arrière, entraînant aussi un dérapage.

Pour passer à un rapport inférieur tout en évitant l'effet de freinage, il faut agir rapidement mais en douceur :
- fermer graduellement la poignée des gaz;
- serrer le levier de débrayage;
- pousser le sélecteur de vitesse vers le bas;
- relâcher aussitôt le levier de débrayage et, en même temps,
- tourner la poignée des gaz selon la vitesse voulue.

Pour réduire l'effet de freinage du moteur après avoir rétrogradé, le motocycliste peut augmenter le régime du moteur avant de relâcher le levier de débrayage. En ouvrant légèrement et en refermant aussitôt la poignée des gaz, cela facilite le synchronisme entre la vitesse et le régime du moteur.

Il n'est pas approprié de rétrograder de plus d'un rapport à la fois. Aussi, en passant directement de la 2e à la 1re, la compression est trop forte, ce qui risque de bloquer la roue arrière.

Il est important que le choix du rapport de vitesse s'effectue en optimisant les possibilités de la moto, sans toutefois négliger la sécurité du motocycliste et des autres usagers de la route, que ce soit pour gravir une pente abrupte ou se préparer à effectuer une manœuvre de dépassement.

■ PARTIR DANS UNE PENTE MONTANTE

Pour partir dans une pente, il faut une maîtrise plus grande dans l'art de synchroniser la poignée des gaz et le levier de débrayage.

Pour y parvenir, il faut :
- maintenir la moto immobile avec le frein avant;
- serrer le levier de débrayage;
- engager le sélecteur de vitesse au premier rapport;
- appuyer sur la pédale du frein arrière;
- relâcher graduellement le levier de débrayage jusqu'au point de friction pour empêcher la moto de reculer;
- relâcher le levier du frein avant;
- tourner progressivement la poignée des gaz et simultanément continuer à relâcher graduellement le levier de débrayage;
- dès que la moto cherche à avancer, relâcher la pédale du frein arrière.

Pour obtenir la même accélération que sur une surface plane et combattre la gravité, il faut donner un peu plus de gaz. Mais il ne faut pas relâcher trop rapidement le levier de débrayage, car la roue avant peut lever ou le moteur peut étouffer.

Le motocycliste habile à maîtriser, selon les circonstances, les changements de vitesse, le freinage, le levier de débrayage et la poignée des gaz, s'assure davantage de conserver le contrôle de sa moto, en plus de maintenir une vitesse stable.

TECHNIQUES DE FREINAGE ET D'IMMOBILISATION

■ FREINAGE

La moto est dotée de deux dispositifs de frein : une pédale pour le frein arrière et un levier pour le frein avant. Cependant, l'action doit s'effectuer simultanément sur chaque roue. Il est donc important de prendre l'habitude d'utiliser simultanément les deux freins pour ralentir ou arrêter, ce qui permet de réagir rapidement, même lors d'arrêts imprévus.

Saviez-vous que...

Depuis quelques années, sur certains modèles dotés d'un système de freinage intégral, l'action sur le frein avant ou arrière entraîne la mise en fonction des deux freins.

Le frein avant possède un plus grand pouvoir de freinage que le frein arrière. Il fournit environ 70 % de la force totale de freinage sur une chaussée en état normal, en raison du transfert de poids vers l'avant au moment du freinage.

Il faut éviter de bloquer la roue avant, en serrant trop brusquement le levier du frein, car la moto devient difficile à maîtriser et risque de déraper.

Il n'est pas recommandé d'utiliser seulement le frein arrière. La roue arrière peut bloquer si la pression sur la pédale de frein est trop forte. Ainsi, la moto aura tendance à glisser sur la chaussée.

La distance de freinage est plus courte quand les deux freins sont appliqués en même temps. Encore une fois, la pratique fait la différence et c'est grâce à elle que le motocycliste finit par reconnaître le moment où les roues sont sur le point de bloquer. Il faut alors relâcher légèrement les freins.

L'utilisation des freins et l'effet sur le freinage

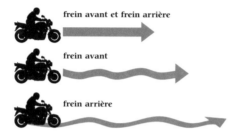

frein avant et frein arrière

frein avant

frein arrière

Impact sur la conduite de l'utilisation des freins :

- **Frein avant et frein arrière :** plus grande efficacité de freinage et meilleure maîtrise de la direction.
- **Frein avant seulement :** maîtrise de la direction difficile et risque de chute.
- **Frein arrière seulement :** maîtrise de la direction difficile et risque de dérapage.

• **Techniques de freinage**

Généralement, lorsque le motocycliste circule en ligne droite, il dispose des meilleures conditions pour la maîtrise de sa moto et un freinage efficace. Pour freiner et ralentir dans des conditions normales, il doit :

- relâcher la poignée des gaz;
- appuyer sur les freins avant et arrière simultanément;
- rétrograder graduellement au rapport permettant de poursuivre à la vitesse voulue;
- relâcher les freins.

Saviez-vous que...

Le système de freinage intégral stabilise énormément la moto lors du freinage en gérant adéquatement le transfert de masse, à l'insu du motocycliste.

Le seul fait de relâcher la poignée des gaz peut suffire à ralentir à la vitesse voulue. Une légère réduction de vitesse peut également s'obtenir en freinant à l'aide du moteur. Il suffit de couper les gaz, puis de rétrograder. Lorsque le régime du moteur est tombé au bas de la gamme de puissance, il faut passer au rapport inférieur suivant.

• **Facteurs influençant la distance de freinage**

Différents facteurs influencent la distance nécessaire au motocycliste pour s'immobiliser :

- sa vitesse;
- le type et l'état de la chaussée;
- l'état des pneus;
- la maîtrise de la technique de freinage;
- l'état, l'ajustement et le type des freins;
- la présence d'un passager ou de bagages lourds.

■ IMMOBILISATION

Que ce soit pour un arrêt complet, par exemple à une intersection, ou pour un arrêt prolongé, les premières étapes sont les mêmes :

- relâcher graduellement la poignée des gaz;
- appuyer simultanément sur les freins avant et arrière;
- serrer le levier de débrayage et rétrograder;
- au fur et à mesure que la vitesse diminue, rétrograder au rapport permettant de poursuivre à la vitesse voulue.

Par la suite, pour un **arrêt complet**, il faut :	Tandis que pour un **arrêt prolongé**, il faut :
• serrer le levier de débrayage juste avant d'arrêter; • placer le sélecteur de vitesse en première vitesse; • serrer complètement les freins et, lorsque la moto s'immobilise, poser le pied gauche au sol; le pied droit s'occupe du frein arrière.	• après l'arrêt de la moto, passer au point mort; • relâcher le levier de débrayage; • serrer complètement le frein tout en restant au point mort, poser le pied gauche au sol; • poser le pied droit au sol et maintenir le levier du frein avant serré pour plus de stabilité.

• Stationner

Pour stationner en bordure de la chaussée, il faut placer la moto en oblique au centre de l'espace libre, dans le même sens que la circulation, la roue arrière étant la plus près de la bordure. Le motocycliste s'assure évidemment qu'elle soit stable, une fois installée sur la béquille latérale.

Ainsi placée, la moto est plus visible tant pour l'automobiliste qui cherche un emplacement, que pour celui qui est stationné devant, dans l'éventualité où il devrait faire marche arrière. De plus, il est plus facile pour le motocycliste de vérifier la circulation lorsqu'il devra réintégrer la voie.

Lors d'une marche arrière, le motocycliste devrait s'assurer que la moto est au point mort. Ainsi, s'il perd l'équilibre et qu'il relâche le levier de débrayage, la moto ne risque pas de bondir vers l'avant.

• **Arrêter le moteur**

Pour arrêter le moteur, il s'agit de :

- fermer complètement la poignée des gaz et serrer le levier de débrayage;
- mettre le sélecteur de vitesse en première;
- tourner la clé de contact à la position «OFF»; il est aussi possible d'arrêter le moteur avec l'interrupteur d'urgence, ce qui permet d'ailleurs de développer l'automatisme d'utiliser ce dispositif essentiel en certaines situations d'urgence;
- fermer le robinet d'essence si le fabricant le recommande.

• **Descendre de la moto**

Il faut installer la moto sur sa béquille latérale. Voici comment procéder :

Saviez-vous que...

Certaines motos n'ont que la béquille latérale.

- serrer le frein avant;
- pencher la moto du côté opposé à la béquille latérale;
- pousser la béquille latérale vers l'extérieur avec le pied;
- tourner le guidon de côté, de façon à pouvoir le verrouiller;
- laisser reposer la moto sur sa béquille latérale;
- s'assurer qu'elle est bien stable;
- tourner la clé à la position «LOCK»;
- retirer la clé;
- descendre du côté de la béquille latérale en tenant les poignées du guidon.

TECHNIQUES POUR NÉGOCIER UN VIRAGE ET UNE COURBE

L'acquisition d'une technique appropriée s'avère nécessaire pour provoquer un changement de direction de la moto. Il ne faut pas oublier que la conduite de la moto requiert de la part du motocycliste la maîtrise de techniques avancées et demande plus d'habiletés que la conduite de la plupart des autres véhicules.

Pour le débutant, le défi est de taille. Cependant, l'art de négocier les virages aux intersections et les courbes peut s'acquérir et se développer sans qu'il soit nécessaire au motocycliste d'exposer sa vie. Il ne s'agit pas d'être fataliste, mais bien de demeurer conscient des risques.

La négociation d'un virage à une intersection ou d'une courbe nécessite donc une certaine préparation :

- observer la route;
- évaluer et anticiper les problèmes potentiels;
- prendre la décision qui s'impose;
- exécuter la manœuvre.

Pour y parvenir, il faut comprendre les phénomènes qui ont une influence sur la conduite de la moto et ainsi faire le choix approprié de la technique. En moto, tout changement de direction s'effectue en choisissant une des deux techniques principales : le contrepoids ou le contre-braquage. Règle générale, la technique du contrepoids est appropriée pour les virages serrés aux environs de 10 km/h ou moins et celle du contre-braquage pour les virages et les courbes au-delà de cette vitesse.

■ CONTREPOIDS

À moins de 10 km/h, le guidon de la moto se manœuvre comme celui d'une bicyclette. Pour aller à droite, le motocycliste le tourne vers la droite et pour aller à gauche, il le tourne vers la gauche.

Les virages serrés et exécutés à très basse vitesse se négocient en utilisant la technique du contrepoids, ce qui permet de maintenir l'équilibre de la moto. Pour ce faire, il faut :

- tourner la roue dans le sens du virage;
- pencher la moto du côté intérieur du virage;
- regarder dans la direction désirée (éviter de regarder au sol);
- déplacer son poids dans le sens opposé du virage;
- tourner légèrement la poignée des gaz;
- maintenir une vitesse constante.

Technique du contrepoids

Si le virage se fait après un arrêt :

- régler la vitesse en serrant le levier de débrayage près du point de friction;
- couvrir le frein arrière pour pouvoir l'utiliser au besoin.

Plus le virage est prononcé, plus l'inclinaison de la moto doit être accentuée et plus le corps du motocycliste doit être déporté vers l'extérieur. De même, plus la vitesse est faible, plus l'effet du contrepoids doit être prononcé.

• Négocier un virage

Il faut être conscient que la plupart des collisions entre automobile et moto se produisent aux intersections. Dans la plupart des cas, les automobilistes tournent à gauche ou débouchent d'une rue transversale et coupent le chemin à la moto qu'ils n'ont pas eu le temps d'apercevoir. À l'approche d'une intersection, le motocycliste doit donc être sur ses gardes en observant bien et en demeurant visible.

Saviez-vous que...

Selon une étude regroupant les années 1997 à 1999, les collisions de côté ou «tourne-à-gauche» représentent 23% des accidents mortels à moto.

Le fait d'immobiliser la moto un peu avant la ligne d'arrêt facilite la prise de virage, car cette distance permet de circuler en ligne droite avant d'amorcer le virage. Lors du virage, le motocycliste doit s'assurer de ne pas partager l'intersection avec un autre usager de la route.

Négociation d'un virage

■ Virage à gauche	■ Virage à droite
■■ repérer l'endroit du virage et s'assurer que la manœuvre est permise et sécuritaire;	
■■ prendre position dans la voie autorisée[2];	
■■ surveiller la circulation venant de gauche, de devant et de droite;	
■ vérifier dans le rétroviseur gauche et jeter un coup d'œil dans l'angle mort de gauche;	■ vérifier dans le rétroviseur droit et jeter un coup d'œil dans l'angle mort de droite;
■ activer le feu de changement de direction de gauche;	■ activer le feu de changement de direction de droite;
■■ ralentir avant l'intersection;	
■■ vérifier si la manœuvre est toujours possible et sécuritaire;	
■ vérifier à nouveau dans le rétroviseur et dans l'angle mort de gauche;	■ vérifier à nouveau dans le rétroviseur et dans l'angle mort de droite;
■■ pencher la moto du côté du virage en contre-braquant* si nécessaire; pousser sur le guidon du côté du virage où le motocycliste désire aller;	
■■ effectuer le virage et accélérer graduellement en regardant loin dans la voie;	
■■ désactiver le feu de changement de direction.	

---

2. Consulter le *Guide de la route* pour connaître les règles de la circulation, notamment celles qui sont propres aux virages.

* La technique du contre-braquage est présentée à la section suivante.

■ CONTRE-BRAQUAGE

À une vitesse atteignant environ 25 km/h, l'équilibre est plus facilement maintenu. Au fur et à mesure que le motocycliste accélère, la moto se stabilise. Par contre, le motocycliste doit fournir plus d'effort pour se pencher et négocier une courbe, en raison de la résistance offerte par l'inertie et la force centrifuge. Le contre-braquage devient donc nécessaire pour faciliter le changement de direction désiré.

Cette technique est rapide, précise et facile à utiliser, à condition d'en connaître les principes de base. Elle consiste à exercer une poussée sur le guidon du même côté où le motocycliste souhaite que sa moto se dirige, jusqu'à ce que la moto ait l'inclinaison et la direction voulues.

La poussée sur le guidon fait en sorte que la roue avant se désaxe momentanément par rapport à la roue arrière, les roues n'ayant plus la même direction. Cette différence de direction, si petite soit-elle, contribue au fait que la moto se déséquilibre et s'incline.

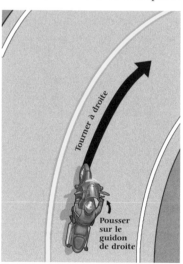

Tourner à droite

Pousser sur le guidon de droite

Autrement dit, le motocycliste doit pousser sur le guidon dans la direction où il regarde, soit où il veut que la moto se dirige. Cette poussée crée un court et léger déséquilibre qui a pour effet d'incliner la moto du côté où le motocycliste veut tourner. La force de poussée est responsable de la rapidité et du degré de l'inclinaison, tandis que la durée de poussée détermine la durée d'inclinaison.

Pousser sur le guidon de droite- Pencher à droite -Tourner à droite
Pousser sur le guidon de gauche- Pencher à gauche -Tourner à gauche

Somme toute, concrètement, cette technique peut se résumer à pousser sur le guidon de droite si le motocycliste désire se diriger vers la droite et à pousser sur le guidon de gauche s'il désire se diriger vers la gauche.

 Chaque moto réagit différemment au contre-braquage en fonction de son poids, de sa hauteur, de la largeur du guidon, de l'axe de la direction et des pneus.

Il faut de la pratique pour maîtriser le contre-braquage. Pour développer l'automatisme nécessaire en cas d'urgence ou devant un obstacle imprévu, il faut s'exercer dans des manœuvres de virage ou de changement de voie, dans les courbes.

Lors du contre-braquage, il vaut mieux éviter de freiner, de relâcher la poignée des gaz et de fixer l'obstacle.

• **Négocier une courbe**

Lorsque le motocycliste approche d'une courbe, il doit savoir juger à quelle vitesse il doit la négocier. Pour choisir sa vitesse, il tient compte :

- du rayon de la courbe;

- de l'inclinaison de la chaussée;

- de l'état de la chaussée;

- de son champ de vision.

Saviez-vous que...

La majorité des accidents de moto mettant en cause un seul véhicule surviennent dans les courbes.

Les recommandations sont les mêmes pour le virage à haute vitesse que pour le virage à basse vitesse, à la différence qu'il faut redoubler de prudence.

La position occupée par la moto dans la voie doit permettre au motocycliste une visibilité maximale.

Même si le conducteur en début d'apprentissage ne se sent pas à l'aise les premières fois qu'il doit pencher avec la moto dans une courbe, la manœuvre est nécessaire pour garder une inclinaison constante vers l'intérieur. Généralement, le mouvement du corps du motocycliste se doit de suivre le mouvement de la moto pour ne pas risquer de causer une chute, d'où l'expression «ne faire qu'un avec sa moto».

Négociation d'une courbe

- Ralentir avant le début de la courbe lorsqu'il circule en ligne droite.

- Prendre la position dans la voie offrant une vision maximale de l'extérieur vers l'intérieur en suivant une trajectoire sécuritaire.

- Garder la tête haute et regarder loin en avant, dans la direction de la courbe.

- Contre-braquer à l'entrée de la courbe avec une poussée sur le guidon faisant incliner la moto dans la direction désirée.

- Maintenir la moto en position inclinée à une vitesse constante en gardant les pieds sur les repose-pieds.

- Accélérer progressivement à la sortie de la courbe pour faciliter le redressement de la moto.

Pendant la négociation de la courbe, le motocycliste ne doit pas se tenir trop près du centre de la chaussée, à cause du risque de collision avec les véhicules qui peuvent venir en sens inverse.

Trajectoire empruntée dans une courbe vers la gauche

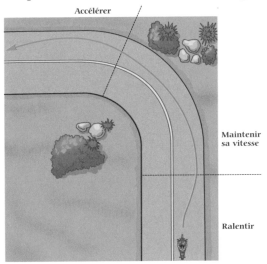

Accélérer

Maintenir
sa vitesse

Ralentir

Trajectoire empruntée dans une courbe vers la droite

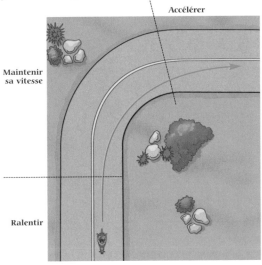

Accélérer

Maintenir
sa vitesse

Ralentir

EXERCICES

Vrai ou faux

          V   **F**

Question 1

Le motocycliste doit relâcher le levier de débrayage dès qu'il a effectué le changement de vitesse.

Question 2

Avant de rétrograder, le motocycliste doit s'assurer qu'il circule à une vitesse convenant au rapport de vitesse choisi.

Question 3

Le motocycliste doit utiliser les deux freins (avant et arrière) chaque fois qu'il faut ralentir ou arrêter.

Question 4

De façon générale, il faut passer au point mort de l'embrayage en cas d'arrêt prolongé.

Question 5

Pour stationner dans la rue, il faut placer sa moto en parallèle avec la bordure de la chaussée.

Réponses :
1-V   2-V   3-V   4-V   5-F

Stratégies de conduite

INTRODUCTION

Malgré une conduite prudente et une planification sérieuse, le motocycliste peut tout de même être confronté à des imprévus, tels un bris mécanique, une route mal entretenue, un insecte se logeant sous la visière, etc.

Certaines situations peuvent cependant être évitées. L'entretien périodique de la moto, le recours à la méthode d'exploration Observer-Évaluer-Agir ainsi que l'application des consignes présentées aux chapitres précédents peuvent prévenir bien des ennuis. Mais comme personne n'est à l'abri des hasards de la route, il vaut mieux savoir les reconnaître et se préparer à réagir pour, à tout le moins, pouvoir en atténuer les conséquences.

Dans ce chapitre, les stratégies pour faire face aux conditions de la route et aux situations d'urgence seront présentées.

STRATÉGIES POUR FAIRE FACE AUX CONDITIONS DIFFICILES

La conduite de la moto est de toute évidence affectée par les conditions climatiques et par la détérioration des conditions routières qui en découle.

Pour un motocycliste, la présence de l'une ou l'autre de ces conditions défavorables peut devenir une source d'ennuis. La maîtrise de la moto devient alors plus difficile, sans oublier que la visibilité peut être moindre. Dans certains cas, les risques de dérapage sont alors plus élevés.

Saviez-vous que...

Un panneau prévient le motocycliste que la chaussée risque d'être particulièrement glissante quand elle est mouillée.

La conduite de nuit, en elle-même, fait aussi partie des conditions difficiles, en raison de la diminution de la visibilité.

Le motocycliste doit donc adapter sa conduite, c'est-à-dire éviter les fortes accélérations ou décélérations et les freinages brusques. Cela implique de diminuer sa vitesse et d'augmenter la distance par rapport au véhicule qui le précède. C'est pourquoi, bien réagir vaut mieux que réagir trop vite.

■ CONDITIONS CLIMATIQUES

Parmi les principales conditions climatiques auxquelles le motocycliste doit s'adapter, se trouvent la pluie, le brouillard, ainsi que le vent.

Saviez-vous que...

Le carénage offre une protection contre certaines intempéries.

• Pluie

La capacité du motocycliste de bien observer la route peut être affectée par la présence de pluie intense. Et, plus cette capacité de bien observer son environnement est affectée, moins il dispose d'information pour prendre ses décisions quant à la conduite à adopter. S'il ne peut regarder loin devant lui, il risque par conséquent d'avoir davantage de problèmes à maintenir la stabilité de la moto.

Stratégies

- Réduire sa vitesse.
- Augmenter la distance avec le véhicule le précédant.
- Balayer la route du regard plus attentivement et plus régulièrement.
- Choisir une position dans la voie qui soit sécuritaire face aux véhicules venant devant et latéralement (tenir compte aussi de ceux stationnés).
- Utiliser, au besoin, les phares des autres véhicules devant soi comme guide.

En cas d'averse, pour conserver la capacité de freinage, il vaut mieux assécher les freins à intervalle régulier. Une des meilleures façons consiste à continuer de circuler en utilisant doucement les freins tout en maintenant la poignée des gaz ouverte.

• Brouillard

Le brouillard empêche de bien voir l'état de la route et de la circulation, en plus d'empêcher le motocycliste d'être bien vu. La vision peut ainsi être réduite à quelques mètres

Saviez-vous que...

Des phares anti-brouillard peuvent s'ajouter comme équipement sur la moto.

devant lui. Si la visibilité devient inférieure à la distance de freinage, le motocycliste risque de frapper un obstacle, auquel s'ajoute le danger d'être heurté par l'arrière.

Comme stratégies de base, le motocycliste peut utiliser les stratégies pour faire face à la pluie, auxquelles s'ajoutent celles-ci:

Stratégies

- Réduire sa vitesse jusqu'à ce que la distance de freinage soit à l'intérieur de la portée des phares.

- Utiliser les phares de croisement, car ceux-ci procurent une meilleure visibilité de la route.

 Lorsque le brouillard est très dense, il est préférable de s'arrêter à un endroit sûr et d'attendre qu'il se dissipe.

• Vent

Le vent et surtout les rafales peuvent rendre la conduite difficile, il vaut donc mieux ralentir. L'effet des vents latéraux peut être compensé en exerçant une pression soutenue sur la poignée située du côté du vent. Par exemple, si le vent souffle du côté gauche, il faut pousser sur la poignée gauche du guidon, la moto compense automatiquement et maintient son équilibre. La technique du contre-braquage est donc efficace pour combattre la poussée latérale du vent.

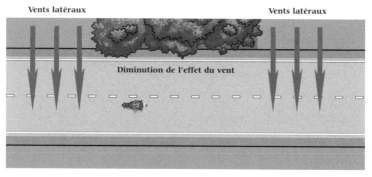

Les bourrasques qui soufflent de côté sont plus dangereuses, car elles peuvent déporter le motocycliste en dehors de la voie qu'il occupe. D'ailleurs, il en va de même avec le déplacement d'air occasionné par la rencontre ou le dépassement d'un véhicule lourd, qui peut faire déplacer la moto sur le côté ou la rendre instable. Le motocycliste doit compenser en s'éloignant momentanément de ce type de véhicule et ainsi minimiser leur effet sur la moto.

La présence d'un regroupement d'arbres imposants sur le bord de la route peut aussi amener le motocycliste à adapter sa conduite, car ces obstacles naturels peuvent temporairement diminuer l'effet du vent.

■ SURFACES DANGEREUSES

Certaines surfaces, rendues dangereuses à cause des conditions climatiques ou de la détérioration de la chaussée, peuvent menacer l'équilibre de la moto. Comme elle n'a que deux roues en contact avec la chaussée dont une seule motrice, la moto est particulièrement vulnérable face au mauvais état de la route.

• Surfaces glissantes

Le gravier, le sable accumulé et l'eau peuvent causer une perte soudaine d'adhérence des pneus, particulièrement au moment de freiner, d'accélérer, de prendre un virage ou une courbe.

Le motocycliste doit aussi se méfier de la pluie qui rend la chaussée glissante. Les poussières accumulées forment, avec les huiles et autres lubrifiants, une substance qui diminue l'adhérence des pneus avec la chaussée. Cet effet se fait davantage sentir en début de pluie. De plus, lorsqu'il pleut, les freins sont continuellement mouillés et perdent de leur efficacité. C'est pourquoi il faut demeurer vigilant.

Les lignes peintes sur la chaussée, surtout si elles sont humides, peuvent s'avérer très glissantes. Ainsi, il faut repérer à l'avance les surfaces glissantes et éviter de conduire dans les voies où s'accumule l'eau ou au centre des voies mouillées.

 Il faut se méfier des lignes du passage pour piétons qui, par leur largeur et leur longueur, s'avèrent une surface particulièrement glissante pour le motocycliste.

En présence de surfaces glissantes, il vaut mieux garder la moto droite, évaluer la situation afin de faire le choix de franchir ou de contourner la surface glissante.

Stratégies

- **Réduire sa vitesse :** il ne faut pas se fier aux limites maximales de vitesse qui prévalent pour des conditions normales.

- **Augmenter la distance avec le véhicule de devant :** il faut prévoir une distance de freinage plus longue.

- **Éviter les manœuvres brusques :** un changement brusque de direction ou de vitesse risque de faire déraper la moto.

- **Utiliser les deux freins :** il vaut mieux utiliser les deux freins, ce qui procure un freinage plus efficace.

Il faut éviter les endroits les plus glissants : il vaut mieux adapter sa position dans la voie en tenant compte de l'état de la chaussée et de la circulation. En présence d'huile ou d'eau sur la chaussée, il vaut mieux circuler sur la trace des pneus des véhicules. Il faut faire attention aux rigoles causées par le passage de véhicules, il s'y accumule plus de pluie que partout ailleurs sur la chaussée. Habituellement, il y a moins de matières granuleuses ou d'huile sur la partie gauche de la voie.

- **Surfaces de terre ou de gravier**

Lorsque le motocycliste conduit sur une chaussée en terre ou en gravier, il doit le faire à une vitesse constante et modérée. Ces surfaces rendent la moto instable et peuvent occasionner un léger louvoiement. Il ne faut pas tenter de le combattre. De plus, il peut devenir dangereux pour le motocycliste de freiner sur ces surfaces, le risque de dérapage étant plus élevé.

Stratégies

- Laisser les poignets et les bras détendus pour permettre à la roue avant de bouger un peu.

- Garder les pieds sur les repose-pieds en maintenant son poids vers l'arrière.

- Circuler sur les traces des pneus des autres véhicules en évitant la bordure de la route.

• Surfaces métalliques ou fissurées

Les surfaces métalliques de certains ponts et les pavés en réparation, sillonnés de rainures, peuvent parfois causer des ennuis. La moto a tendance à louvoyer et des vibrations se font sentir. Même si ces vibrations sont désagréables, elles ne sont pas dangereuses. Par ailleurs, ces surfaces ont tendance à être plus glissantes si elles sont mouillées. Il faut être prudent en utilisant les freins, car le risque de dérapage est plus élevé sur de telles surfaces.

Stratégies
- Ralentir à l'approche des panneaux annonçant ces surfaces.
- Maintenir une vitesse constante.
- Circuler en ligne droite sans tenter de combattre le louvoiement.
- Éviter les manœuvres brusques.

 Des pneus convenablement gonflés aident à diminuer l'effet du louvoiement.

• Traverser une voie ferrée

Les passages à niveau sont annoncés par un panneau de signal avancé précisant l'angle selon lequel la voie ferrée traverse la route. Le motocycliste doit ralentir, regarder

Saviez-vous que...

Il faut regarder en premier lieu du côté où la voie ferrée est la plus rapprochée du motocycliste.

et écouter à l'approche d'un passage à niveau. Les autobus et les véhicules transportant des matières dangereuses effectuent un arrêt obligatoire aux passages à niveau, le motocycliste doit donc prévoir de ralentir ou de s'immobiliser lorsqu'un de ces véhicules le précède.

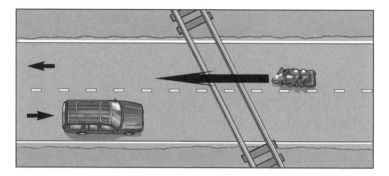

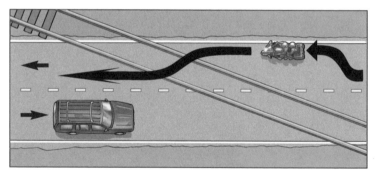

Règle générale, le motocycliste peut traverser la voie ferrée en maintenant sa trajectoire en ligne droite, lorsque l'angle est situé entre 45 et 90 degrés. Toutefois, si l'angle est inférieur à 45 degrés, il doit modifier sa trajectoire avant de traverser. Sinon, le motocycliste risque de glisser sur le métal, surtout s'il est mouillé.

Stratégies

• Réduire sa vitesse.

• Vérifier de chaque côté.

• Changer de rapport de vitesse avant de traverser, si nécessaire.

• Traverser la voie en étant un peu de biais, tout en demeurant dans sa voie.

• Prendre garde à la secousse au moment de traverser.

• Éviter de tourner le guidon, de freiner ou de rétrograder sur la voie ferrée.

■ **CONDUITE DE NUIT**

La nuit, les fonctions visuelles sont affaiblies en raison de la diminution de l'éclairage naturel. Par ailleurs, le fait d'être éclairé par un seul phare (dans certains cas, par deux phares rapprochés) complique encore la situation. Quelques conseils pratiques vont aider le motocycliste à faire face aux conditions de nuit.

Saviez-vous que...

La distance prévue pour diminuer l'intensité des phares lorsqu'un conducteur suit ou croise un véhicule est de 150 mètres.

Stratégies

• **Réduire sa vitesse** : le motocycliste doit réduire sa vitesse et s'assurer que la distance de freinage est inférieure à la portée des phares. Plus il circule à grande vitesse, plus il réduit son champ visuel et, par conséquent, le temps alloué à la prise de décision.

• **Augmenter la distance avec le véhicule le précédant** : il est plus difficile de juger des distances la nuit. Pour combler cette lacune, le motocycliste doit conserver une plus grande distance pendant la nuit entre la moto et le véhicule le précédant. Il doit se donner la marge de manœuvre nécessaire afin d'éviter un obstacle situé au-delà de cette limite.

- **S'assurer que la visière est claire, propre et en bon état pour une meilleure visibilité :** une visière sale, égratignée ou teintée nuit à la visibilité.

- **S'assurer d'un éclairage adéquat :** comme la moto est petite, les autres conducteurs ont de la difficulté à la voir la nuit. Ils peuvent même la confondre avec un véhicule dont l'un des phares est brûlé. C'est pourquoi il est essentiel de garder les phares et les feux propres, afin de demeurer bien visible.

- **Éviter de fixer les phares des véhicules :** le fait de fixer les phares des véhicules venant en sens inverse peut provoquer l'éblouissement et perturber la vision pendant plusieurs secondes. Une certaine distance peut être parcourue avant que les yeux ne soient complètement réadaptés à l'obscurité. Pour éviter ce phénomène, le conducteur doit détourner les yeux vers la bordure de la chaussée ou vers la ligne latérale de droite au moment de croiser un véhicule dont les feux sont en position de route.

- **Éviter d'aveugler les autres conducteurs.** Pour ce faire,

  - **lorsque le motocycliste se fait dépasser :** il passe aux feux de croisement dès que l'autre véhicule arrive à sa hauteur et revient aux feux de route dès qu'il est suffisamment éloigné ;

  - **lorsque le motocycliste croise un véhicule :** il passe aux feux de croisement dès qu'il voit le faisceau lumineux du véhicule venant en sens inverse ;

  - **lorsqu'il suit un véhicule :** il passe aux feux de croisement dès que ses phares éclairent le véhicule devant lui.

STRATÉGIES POUR FAIRE FACE AUX SITUATIONS D'URGENCE

Le motocycliste, aussi prévoyant soit-il, doit un jour ou l'autre faire face à une situation d'urgence, l'obligeant à réagir rapidement et adéquatement.

Pour éviter d'être paralysé par la peur ou d'effectuer la mauvaise manœuvre, il vaut mieux se préparer. Et la préparation pour faire face aux situations d'urgence ne se résume pas à l'application de techniques de conduite. Comme il a été mentionné auparavant, la conduite de la moto est un tout indissociable, composé bien sûr d'habiletés techniques, mais faisant aussi grandement appel aux connaissances et au jugement du motocycliste, de même qu'à son habileté à voir et à prévoir.

Saviez-vous que...

Dans une situation typique causant un accident, le motocycliste dispose de moins de deux secondes pour réagir, d'où l'importance d'avoir acquis des automatismes.

À titre d'exemple, le motocycliste fatigué prendra plus de temps à évaluer la situation et réagira moins bien que s'il était bien disposé. De même, celui qui a de la difficulté à maîtriser la technique du contre-braquage réagira moins efficacement face à certaines situations.

Dans ce chapitre, la présentation des stratégies pour faire face aux situations d'urgence les plus fréquentes vise à ce que le motocycliste soit moins dépourvu, lorsqu'une situation d'urgence se présentera. La reconnaissance de ces situations et la connaissance des stratégies de base pour y faire face, alliées à la maîtrise des techniques requises de conduite, pourront probablement générer des automatismes, indispensables le moment venu. Incidemment, la réduction du temps de réaction pourrait lui sauver la vie.

La présentation des stratégies pour faire face à ces différentes situations d'urgence touche notamment les problèmes mécaniques, les obstacles et les manœuvres complexes.

Il est important de souligner que si la vérification des rétroviseurs, des angles morts et la mise en fonction des feux de changement de direction n'apparaissent pas à l'intérieur des stratégies, c'est dans le seul but d'alléger le texte. Cependant, ces manœuvres demeurent toujours obligatoires dès qu'un changement de direction est nécessaire ou qu'un risque de collision est présent.

■ PROBLÈMES MÉCANIQUES

Bien que le motocycliste ait effectué sa vérification avant départ et l'entretien périodique de la moto, un problème mécanique peut tout de même survenir. Il doit donc se préparer à cette éventualité.

• Problème de surchauffe du moteur

Lorsque l'aiguille de l'indicateur de température du liquide de refroidissement atteint la zone «H», le motocycliste doit réagir :

Stratégies
- Se déplacer sur le bord de la route dès que possible.
- Couper le contact ou
- Laisser le contact pour permettre au ventilateur de refroidir le moteur, s'il y a lieu.
- Laisser refroidir le moteur avant de vérifier le niveau du liquide du circuit de refroidissement : cela peut prendre plus d'une heure, parfois.

En cas de panne, la position «PARK» sur le commutateur de contact permet d'augmenter la visibilité de la moto.

• **Problème annoncé par le témoin de pression d'huile**

Si ce témoin s'allume pendant la conduite, il vaut mieux :

Stratégies
- Éteindre le moteur le plus rapidement possible ou activer l'interrupteur d'urgence, si présent.
- Serrer le levier de débrayage pour éviter de bloquer la roue arrière.
- Se déplacer sur le bord de la route, si possible.

Lorsque le motocycliste cherche un endroit où se ranger, il doit penser à sa sécurité et à celle des usagers de la route.

• **Crevaison**

L'usure excessive ou une pression d'air inadéquate des pneus peuvent provoquer une crevaison. Il est possible de déceler une crevaison d'après le comportement de la moto. Si la crevaison est à l'avant, la moto devient difficile à manœuvrer et le guidon cherche à vibrer de gauche à droite; si elle est à l'arrière, la roue arrière a tendance à déraper et la moto à louvoyer de façon plus marquée.

Saviez-vous que...

Il existe des produits sur le marché qui colmatent instantanément les fuites lors d'une crevaison.

Stratégies
- Tenir fermement le guidon pour conserver la maîtrise de la moto et continuer de circuler en ligne droite. Si la crevaison est à l'avant, le motocycliste déplace son poids vers l'arrière; si elle est à l'arrière, il ne se déplace pas.
- Réduire progressivement les gaz et, de préférence, serrer le levier de débrayage pour enlever la poussée sur la roue arrière.

• Ne freiner que lorsque la moto a perdu suffisamment de vitesse. Si la situation l'exige, il est possible de freiner en douceur en se servant du frein de la roue dont le pneu est intact; par exemple, appuyer sur le frein arrière si la crevaison est sur le pneu avant et serrer le frein avant si elle est à l'arrière.

• Se déplacer en bordure de la route et s'immobiliser : ralentir le plus possible sur la chaussée.

• **Guidonnage**

Lorsque, à bonne vitesse, la roue avant et le guidon se mettent soudainement à osciller de gauche à droite, le motocycliste fait face à du guidonnage. Ces oscillations peuvent être causées par :

- une vitesse excessive;
- un déséquilibre d'ordre aérodynamique;
- une direction mal ajustée;
- un mauvais alignement des roues;
- une suspension défectueuse;
- des roues lâches;
- des pneus usés inégalement ou avec une pression inadéquate;
- des rayons desserrés;
- une mauvaise répartition des bagages.

 Il faut éviter de freiner à ce moment, car cela risque d'amplifier les effets du guidonnage.

Stratégies

• Tenir fermement le guidon sans tenter de corriger le mouvement de la roue.

• Relâcher graduellement la poignée des gaz et **laisser ralentir la moto sans freiner**.

- Se déplacer sur le bord de la route dès que possible.
- S'immobiliser et vérifier la pression des pneus et, en présence de bagages, en distribuer la charge également.

- **Louvoiement de la roue arrière**

À haute vitesse, l'arrière de la moto peut aussi se mettre à osciller (ballotement), en raison de la suspension arrière mal réglée, du pneu arrière insuffisamment gonflé, d'un manque de rigidité du châssis ou encore de bagages mal répartis.

Stratégie
- Le motocycliste doit agir de la même façon que dans le cas du guidonnage. Cependant, s'il doit freiner, il doit le faire avec le frein arrière seulement, jusqu'à ce que le balancement cesse.

 Dans ces deux cas, il vaut mieux faire vérifier la moto par un mécanicien pour éviter que ces ennuis ne se reproduisent.

- **Bris du câble de débrayage**

Si le mécanisme de l'embrayage de la moto fonctionne avec un câble et que ce dernier se casse, la seule stratégie possible pour éviter la perte de contrôle est de tenter de placer le sélecteur de vitesse au point mort. Cependant, la manœuvre s'avère difficile et peut endommager la boîte de vitesses.

Si cette stratégie échoue, le motocycliste essaie de conserver le mieux possible la maîtrise de sa moto.

Stratégies
- Fermer rapidement les gaz et laisser ralentir la moto avec le frein moteur.
- Se déplacer sur le bord de la route.
- Couper le contact et s'immobiliser.

Le moteur va s'arrêter de lui-même à basse vitesse et la roue arrière risque fortement de bloquer.

• **Blocage de la poignée des gaz**

Si le motocycliste ne peut plus couper les gaz au moment de ralentir, il doit agir rapidement pour éviter un accident.

Stratégies

• Éteindre le moteur avec l'interrupteur[3] d'urgence et, simultanément, serrer le levier de débrayage jusqu'à l'arrêt complet de la moto.
• Freiner.
• Se déplacer sur le bord de la route dès que possible et s'immobiliser.

 Si les conditions de la circulation le permettent, le motocycliste peut appuyer sur le frein arrière et tourner rapidement la poignée des gaz vers l'avant et vers l'arrière. Si le câble de l'accélérateur est coincé, ce geste peut le libérer.

• **Bris de la chaîne ou de la courroie**

Pour ce qui est du bris de la chaîne, trois situations sont possibles.

1. La chaîne brise et s'étend à l'arrière de la moto.
2. La chaîne casse et s'enroule autour du pignon de chaîne (roue dentée) avant.

Dans ces deux cas, il s'ensuit une perte de vitesse. Le motocycliste doit s'immobiliser.

---

3. Si jamais la moto ne possède pas d'interrupteur, il faut couper le contact avec la clé.

Stratégies

- Éteindre le moteur à l'aide de l'interrupteur d'urgence ou couper le contact si la moto n'en est pas pourvue.

- Freiner comme à l'habitude et se déplacer sur le bord de la route dès que possible.

3. La chaîne s'enroule autour du pignon de chaîne arrière et bloque brutalement la roue. La moto dérape et elle devient difficile à contrôler. La chute est pratiquement inévitable.

Une chaîne bien lubrifiée et ajustée diminue considérablement le danger de bris. La vérification de l'usure et de la tension de la chaîne ainsi que des pignons évite une telle situation.

Pour ce qui est de la courroie, une seule situation peut se présenter. La courroie peut uniquement se casser et s'étendre à l'arrière.

■ OBSTACLES

Le motocycliste doit se préparer à faire face à divers types d'obstacles, croisés sur sa route, que ce soit des débris ou un animal.

• Obstacles sur la route

Un tuyau d'échappement ou une branche en travers de la route représentent un danger si le motocycliste ne réagit pas à temps. Après avoir évalué rapidement la situation, il doit prendre la décision de franchir ou de contourner l'obstacle. Lorsque les deux options s'avèrent possibles, le motocycliste devrait toujours choisir de contourner l'obstacle. Voici ce que le motocycliste doit faire dans ces deux cas.

Stratégies pour contourner un obstacle

Lorsque le motocycliste choisit de contourner l'obstacle, il doit :

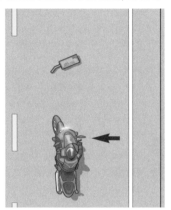

- Ralentir le plus possible avant l'obstacle.
- Évaluer de quel côté il est préférable de passer avec la moto.
- Relâcher les freins.
- Contre-braquer dans la direction désirée en inclinant la moto dans le même sens.
- Contourner l'obstacle.
- Reprendre la trajectoire initiale dès que possible.

Stratégies pour franchir un obstacle inévitable

- Ralentir avant l'obstacle.
- Tenir le guidon fermement pour ne pas lâcher prise au moment où la roue avant va heurter l'obstacle.
- Circuler en ligne droite pour maintenir l'équilibre de la moto et diminuer les risques de perte de contrôle.

- Juste avant l'impact, tirer sur le guidon pour dégager la roue avant et se soulever légèrement du siège pour absorber le choc à l'aide des bras et des jambes et pour éviter d'être éjecté de la moto lors du contact de la roue arrière avec l'obstacle. Garder les genoux et les bras légèrement fléchis;
- Relâcher la poignée des gaz au moment de l'impact. Garder les bras fléchis pour absorber le coup.

Il est souhaitable d'inspecter la moto après avoir franchi un obstacle important, pour vérifier l'état des pneus et des jantes.

• Animaux, insectes et objets projetés

Saviez-vous que...

Il y a autant d'animaux qui traversent les routes la nuit que le jour. Par contre, la nuit, le motocycliste les aperçoit à la dernière minute. Le sifflet ultra-son, utilisé par certains routiers professionnels, peut s'avérer un choix judicieux pour faire fuir les animaux.

Les animaux représentent un danger sur la route. De toute évidence, il vaut mieux éviter de heurter un animal. En voyant un animal s'approcher de lui, le motocycliste doit réduire sa vitesse et rétrograder. Ce faisant, il peut mieux accélérer lorsque l'animal est tout près de lui, pour ainsi s'en éloigner plus rapidement. Dans certains cas, le motocycliste devra contourner l'animal.

Si le motocycliste choisit d'éviter un animal, il ne doit pas sortir brusquement de la voie et risquer ainsi une collision encore plus grave avec un usager de la route.

Par ailleurs, si un chien essaie de poursuivre un motocycliste, ce dernier doit éviter de le repousser du pied, cette action peut occasionner une perte de maîtrise de la moto.

Le motocycliste doit aussi porter attention aux panneaux annonçant la présence d'animaux et demeurer aux aguets, particulièrement le long des routes boisées. L'utilisation de l'avertisseur sonore peut s'avérer efficace pour faire fuir certains animaux, dont le chevreuil.

Par ailleurs, les mégots de cigarettes jetés par les autres usagers de la route, les cailloux projetés par les pneus et les insectes peuvent atteindre le motocycliste, d'où l'importance du port de la visière. Cependant, sous la force de l'impact, cette dernière peut se salir ou fendiller. Malgré tout, le motocycliste doit garder les yeux sur la route et conserver la maîtrise de la moto et se ranger, si nécessaire, sur le bord de la route, aussitôt que possible.

■ MANŒUVRES COMPLEXES

Le motocycliste doit se préparer à effectuer des manœuvres complexes, notamment pour faire face au dérapage, à l'aquaplanage, au freinage d'urgence et au recours à l'accotement. Comme il dispose de peu de temps pour réagir, il est essentiel qu'il sache quoi faire en de telles situations, en développant des automatismes.

• Maîtriser un dérapage

Le dérapage est un glissement des roues, causé par une adhérence insuffisante des pneus à la route. Le dérapage peut aussi bien se produire lorsque les roues tournent que lorsqu'elles sont bloquées. Le motocycliste voit ses risques de dérapage diminués, s'il évite toute manœuvre brusque lors de ses accélérations, de ses freinages et de ses virages. Si un dérapage se produit tout de même, le motocycliste doit réagir rapidement afin de ne pas perdre la maîtrise de sa moto.

Stratégies

Situation	Cause	Stratégies
Dérapage de la roue avant	Freinage	Relâcher le frein avant.
Dérapage de la roue arrière	Freinage	Tourner le guidon dans la direction du dérapage. Relâcher le frein arrière immédiatement.
Dérapage de la roue arrière	Accélération	Tourner le guidon dans la direction du dérapage. Relâcher la poignée de gaz graduellement.
Dérapage des deux roues	Freinage	Relâcher les freins.

Dès que le motocycliste entend la roue arrière tourner à vide, il doit relâcher l'accélérateur. S'il appuie trop brusquement sur les freins, les roues peuvent bloquer et faire perdre l'équilibre et la maîtrise de la direction.

Maîtrise du dérapage de la roue arrière

• Maîtriser l'aquaplanage

Lors de pluie abondante, des nappes d'eau peuvent se former sur la chaussée. L'aquaplanage se produit lorsque les pneus n'adhérent plus momentanément à la chaussée, les rainures des pneus ne permettant plus d'évacuer cet excès d'eau. Ce phénomène peut occasionner la perte de contrôle de la direction et des freins. À titre préventif, lorsque la pluie est intense, le motocycliste réduit sa vitesse et évite autant que possible les flaques d'eau importantes. S'il est tout de même confronté à ce phénomène, il doit réagir rapidement pour diminuer les effets de l'aquaplanage.

Stratégies
- Relâcher la poignée des gaz.
- Éviter de freiner.
- Éviter de pousser ou de tourner le guidon.
- Regarder loin en avant.

Couche
d'eau

• Freiner d'urgence

Les freins d'une moto sont très puissants, il importe donc de bien connaître la façon de les utiliser lors d'un freinage d'urgence. Le freinage d'urgence à vitesse élevée est difficile et demande donc de bien connaître les réactions de la moto.

Saviez-vous que...

Certaines motos peuvent être équipées de frein ABS et de l'anti-patinage sur la roue arrière.

Par ailleurs, le motocycliste doit être conscient que le véhicule derrière lui n'a peut-être pas cette capacité de freinage et risque donc de l'emboutir s'il freine brusquement, d'où l'importance de conserver une distance de freinage équivalente à deux secondes et plus.

Il vaut mieux pratiquer le freinage d'urgence à basse vitesse. À haute vitesse, la technique demeure la même, sauf qu'il faut considérer une distance de freinage plus grande.

Impact de la vitesse sur la distance de freinage

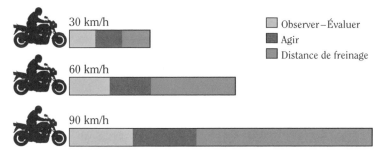

30 km/h

60 km/h

90 km/h

☐ Observer–Évaluer
■ Agir
☐ Distance de freinage

Il est important d'apprendre à freiner selon l'état et les conditions de la chaussée. Si le motocycliste doit freiner dans des conditions difficiles, il doit donc choisir la meilleure surface disponible.

Stratégies

- Appuyer sur les freins aussi fort que possible sans bloquer les roues.
- Regarder loin en avant de soi pour conserver l'équilibre et, s'il y a lieu, vérifier la possibilité que l'obstacle se dégage.
- Si possible, rétrograder.

Lors d'un freinage d'urgence, il faut concentrer toute son attention sur les freins et rétrograder uniquement quand la situation est sous contrôle.

Avec la pratique, le motocycliste sait reconnaître le moment où les roues commencent à bloquer : les pneus crissent et il peut sentir une vibration. C'est à ce moment qu'il faut relâcher un peu les freins.

Le fait de s'exercer, aussi souvent que possible, à cette technique de freinage d'urgence, communément appelée freinage au seuil, ne peut qu'améliorer les habiletés de pilotage du motocycliste.

Par ailleurs, lors d'un freinage d'urgence sous la pluie, il faut utiliser les deux freins en douceur pour conserver l'équilibre de la moto.

• Freiner d'urgence dans une courbe

Face à une situation critique, il se peut que le motocycliste ait à freiner rapidement dans une courbe.

> ## Saviez-vous que...
>
> *Il est possible d'immobiliser la moto dans une courbe, sauf que la distance de freinage n'est pas la même.*

Stratégies

- Appuyer légèrement et progressivement sur les deux freins.
- Dès que la moto est redressée, appuyer plus fortement sur les freins.
- Regarder loin en avant où la moto tend à aller, c'est-à-dire en ligne droite.

Lorsque le motocycliste appuie fortement sur les freins, le transfert de poids vers l'avant occasionne une contrainte sur la suspension avant de la moto et en réduit la maniabilité. Pour cette raison, il ne faut jamais freiner brusquement ou trop énergiquement dans une courbe. De plus, le freinage dans une courbe requiert une plus grande distance qu'en ligne droite.

Si la distance devant le motocycliste le permet, il vaut mieux redresser la moto avant d'appuyer sur les freins.

• S'engager sur l'accotement

Après avoir évalué la situation, il se peut que la seule solution possible, donc de dernier recours, soit de s'engager sur l'accotement. Si l'accotement est en terre ou en gravier, il risque de ne pas être au même niveau que la chaussée. Il faut redoubler de prudence pour ne pas glisser au moment de s'y engager.

Stratégies
- Ralentir en freinant le plus longtemps possible sur la chaussée.
- S'engager sur l'accotement en choisissant l'angle approprié, s'il y a une dénivellation entre la chaussée et l'accotement.
- S'immobiliser, si la situation l'exige.

Sur une surface instable, le risque de chute est plus grand lorsque le motocycliste freine trop énergiquement du frein avant. Il vaut mieux freiner graduellement et, exceptionnellement, freiner davantage avec le frein arrière.

EXERCICES

Choix multiple

Question 1

À quel moment généralement, lorsqu'il pleut, la chaussée est-elle la plus glissante et la plus dangereuse ?

a) à la fin de la pluie
b) au début de la pluie
c) en plein milieu de la pluie
d) à tout moment

Question 2

Lorsque le motocycliste circule sur un pont à surface métallique, il serait préférable qu'il :

a) ralentisse
b) accélère
c) conserve sa vitesse
d) freine

Question 3

Pour diminuer l'effet du déplacement d'air occasionné par la rencontre d'un véhicule lourd, le motocycliste devrait :

a) accélérer
b) ralentir
c) freiner
d) s'éloigner

Vrai ou faux   V   F

Question 4

Freiner d'urgence jusqu'au seuil veut dire freiner aussi fort que possible sans toutefois que les roues bloquent, glissent ou dérapent.

Question 5

La cause première d'un dérapage de la roue avant d'une moto est l'accélération.

SUITE

Vrai ou faux

V   F

Question 6

Lorsqu'un motocycliste doit éviter un animal sur la route, il est préférable qu'il sorte brusquement de sa voie pour ainsi s'éloigner le plus vite possible de ce dernier.

☐ ☐

Question 7

Si un motocycliste fait face à un obstacle sur la route, il vaut toujours mieux le franchir que de le contourner.

☐ ☐

Question 8

Lorsque la roue avant et le guidon d'une moto se mettent soudainement à osciller de gauche à droite, elle fait du guidonnage.

☐ ☐

Partage de la route

L es nombreux usagers de la route et les conditions de la circulation nous amènent très vite à adapter notre conduite à l'environnement.

Pour sa part, le motocycliste doit toujours garder en mémoire, qu'en raison des dimensions réduites de sa moto, il est plus difficile à repérer. D'où l'importance de bien observer, de bien évaluer la situation et surtout d'agir en fonction de sa sécurité et de celle des autres usagers de la route.

Aussi, le motocycliste doit être conscient du fait que la plupart des automobilistes qu'il croise n'ont jamais conduit une moto. Par conséquent, ils sont peu préoccupés des problèmes qu'ils peuvent représenter pour le motocycliste.

Le motocycliste doit considérer différents éléments afin de partager la route de façon sécuritaire. En plus de maintenir le contrôle de la direction, il doit communiquer efficacement sa présence et ses intentions aux autres usagers de la route et maintenir une vitesse et une distance sécuritaires. Ainsi, doit-il savoir prendre sa place tout en s'adaptant à la circulation et à la présence des divers usagers de la route.

Les notions exposées à l'intérieur de ce chapitre sont importantes, car elles traitent des comportements à adopter pour partager la route en toute sécurité.

COMMUNIQUER SA PRÉSENCE ET SES INTENTIONS

Communiquer sa présence et ses intentions ne se limite pas à faire usage de son avertisseur sonore et de ses feux de changement de direction; le motocycliste doit utiliser à bon escient tous les moyens dont il dispose.

Saviez-vous que...

Le conducteur d'une moto doit à tout moment maintenir allumé le phare blanc de son véhicule. Voyez-y!

> **Les signaux manuels peuvent être utilisés pour communiquer vos intentions, en cas de besoin. Pour référence: *Guide de la route.***

■ CONTACT VISUEL

Le contact visuel est une bonne façon de communiquer avec les autres usagers de la route. Cette prise de contact aide le motocycliste à s'assurer qu'il est vu des conducteurs des autres véhicules, des cyclistes et des piétons. Toutefois, il doit demeurer sur ses gardes, car ceux-ci peuvent sous-estimer la vitesse et la distance du motocycliste par rapport à la leur.

■ FEU DE FREINAGE

Le motocycliste ne peut se permettre de négliger le message du feu de freinage, car il attire l'attention des conducteurs qui le suivent.

 Un excellent moyen pour le motocycliste d'informer les conducteurs qui le suivent de ses ralentissements est d'appuyer légèrement sur les freins lorsqu'il rétrograde.

Lorsqu'il est immobilisé temporairement, il continue de serrer les freins, ce qui maintient le feu de freinage allumé et permet de mieux signaler sa présence aux usagers de la route plus éloignés.

MAINTENIR UNE VITESSE ET UNE DISTANCE SÉCURITAIRES

Le motocycliste doit adapter sa vitesse aux conditions de la route et de la circulation, ce qui implique davantage que de respecter les limites maximales de vitesse.

De façon générale, il vaut mieux éviter les extrêmes : circuler trop

Saviez-vous que...

La vitesse et l'état de la chaussée figurent parmi les principales causes d'accidents.

vite ou circuler trop lentement. Dans le cas où les conditions de la route sont défavorables, le motocycliste doit de toute évidence circuler à une vitesse inférieure à la vitesse maximale permise, pour bénéficier d'une marge de manœuvre adéquate, lui permettant de faire face à toute éventualité.

Toutefois, celui qui circule beaucoup plus lentement que la circulation doit faire preuve de vigilance. Un trop grand espace avec celui qui le précède peut devenir une porte d'entrée pour un conducteur impatient, pour qu'il s'y insère et vienne ainsi diminuer la marge de sécurité du motocycliste. Il vaut toujours mieux anticiper les réactions imprudentes des autres usagers de la route, pour être en mesure de réagir rapidement.

De plus, le motocycliste doit conserver une certaine distance autour de lui afin de maintenir une marge de sécurité en tout temps. Cette marge doit être suffisante pour lui permettre de réagir à temps, en cas d'imprévu. Elle permet également au motocycliste d'être mieux vu des autres usagers de la route.

■ À L'AVANT

Le motocycliste doit se soucier de maintenir une distance suffisante entre sa moto et le véhicule devant lui, en tenant compte de la distance de freinage qui lui est nécessaire pour s'immobiliser.

• Règle des deux secondes

Pour ce faire, il existe une technique appelée la règle des deux secondes, soit la distance franchie en deux secondes. Autrement dit, il doit s'écouler un **minimum de deux secondes** entre le moment où le véhicule situé devant le motocycliste passe vis-à-vis un objet et celui où ce dernier atteint ce même point.

Saviez-vous que...

Une vitesse trop grande par rapport aux conditions atmosphériques ou environnementales ou une distance imprudente entre des véhicules sont des infractions entraînant des points d'inaptitude et une amende.

2 secondes ou plus

Voici comment appliquer la règle des deux secondes :

- Choisir un objet fixe en bordure de la route, un peu plus loin que le véhicule devant soi.
- Au moment où l'arrière de ce véhicule passe vis-à-vis cet objet, commencer à compter en série «un mille et un», «un mille et deux», etc.».

Si le motocycliste finit la série avant d'atteindre l'objet ciblé, la distance entre les deux véhicules est alors suffisante.

Par contre, s'il atteint l'objet ciblé avant de terminer cette série, la distance entre eux s'avère alors insuffisante. Le motocycliste doit ralentir pour augmenter la distance, jusqu'à ce qu'il arrive au point de repère après avoir fini de compter.

Toutefois, il faut être conscient que cette règle minimale vaut uniquement en présence de conditions idéales de conduite, c'est-à-dire par beau temps et sur une chaussée sèche. Selon les conditions en vigueur, il faut augmenter cet intervalle à trois, quatre secondes et même plus. Afin de s'assurer une marge de sécurité suffisante, le motocycliste tient compte :

- de la réduction de la visibilité, (nuit, pluie, brouillard, vent);
- de la présence de surfaces dangereuses (chaussée glissante, endommagée ou de gravier);
- de la diminution de l'adhérence des pneus (état et pression des pneus).

■ À L'ARRIÈRE

Idéalement, il faut tenter de conserver la même marge de sécurité derrière la moto que devant. À première vue, il peut paraître difficile d'employer cette règle pour l'arrière. Pourtant, il existe une technique rapide et efficace. Il faut vérifier régulièrement dans les rétroviseurs et juger si la distance à l'arrière est semblable à celle à l'avant.

Si un véhicule suit de trop près le motocycliste et qu'il l'empêche de conserver une marge de sécurité suffisante, il vaut mieux que le motocycliste ralentisse pour ainsi augmenter sa marge de sécurité à l'avant. Le but est de se laisser plus d'espace à l'avant pour réagir en cas d'imprévu.

En agissant ainsi, le conducteur suivant de trop près profitera probablement de cette occasion pour dépasser. Toutefois, s'il persiste, il vaut mieux se ranger et le laisser passer. Il devient plus facilement contrôlable lorsqu'il est devant le motocycliste.

Règle générale, en raison de sa puissance de freinage, la moto s'immobilise sur une plus courte distance qu'une automobile. Pour éviter d'être heurté par l'arrière par une automobile, il est préférable que le motocycliste conserve une marge de sécurité lui permettant d'éviter le plus possible un freinage en catastrophe.

■ SUR LES CÔTÉS

En plus de maintenir l'espace requis devant et derrière la moto, le motocycliste doit aussi se protéger latéralement, en se réservant un espace suffisant s'il se doit de modifier subitement sa trajectoire.

Généralement, lorsque le motocycliste dépasse un piéton, un cycliste ou un autre véhicule, il est préférable qu'il conserve une marge de sécurité d'environ un mètre de chaque côté. En agissant ainsi, il peut bifurquer sans risquer d'entrer en collision avec ce qui se trouve sur la route ou en bordure de celle-ci.

PRENDRE SA PLACE

Les voies de circulation sont avant tout conçues pour la circulation des automobiles. Par conséquent, elles sont très larges pour le motocycliste, ce qui explique pourquoi il est généralement plus difficile d'apercevoir une moto qu'une automobile.

Saviez-vous que...

Le fait de circuler entre deux rangées de véhicules est interdit par le Code de la sécurité routière.

Le motocycliste doit choisir régulièrement la voie convenant à ses déplacements mais, fait particulier à sa situation de conduite, il doit en plus choisir la position qu'il va occuper dans celle-ci.

■ CHOIX D'UNE VOIE

Le choix d'une voie peut paraître complexe car, de fait, plusieurs facteurs entrent en jeu. Le motocycliste doit évaluer la situation et prendre la meilleure décision. Pour s'assurer de faire le choix approprié, le motocycliste averti tient compte :

- du type de chaussée;
- de la densité de la circulation;
- de sa vitesse;
- de son parcours;
- de l'anticipation de virages;
- des conditions météorologiques.

■ POSITION DANS LA VOIE

Un élément clé de la conduite sécuritaire consiste à bien se placer dans la voie. Pour se positionner, le motocycliste considère les trois tiers de voie dont il dispose :

- tiers gauche;
- tiers central;
- tiers droit.

Position dans la voie

Tiers gauche | Tiers central | Tiers droit

En fait, il n'existe aucun tiers de voie qui convienne à toutes les situations. La meilleure position est toujours celle qui permet au motocycliste de se tenir loin des dangers. Il doit choisir la position dans la voie lui procurant la meilleure visibilité et l'espace maximal pour sa sécurité. Si les conditions de son environnement changent, il peut être amené à modifier sa position en fonction des éléments suivants :

- **vision** : de façon à bien voir les autres usagers de la route ;
- **visibilité** : de façon à être le plus visible possible des autres usagers de la route ;
- **marge de sécurité** : de façon à conserver une distance sécuritaire par rapport à la ligne médiane ;
- **état de la chaussée** : de façon à éviter les surfaces dangereuses ;
- **anticipation des virages** : de façon à anticiper les changements de voie nécessaires avant les virages.

• Caractéristiques des tiers de voie

- Tiers gauche

Chaque tiers de voie présente ses caractéristiques. Le tiers gauche est généralement le plus utilisé, en raison des nombreux avantages qu'il procure :

- il offre une vision supérieure pour observer le conducteur de devant et celui qui arrive en sens inverse;
- il permet au motocycliste d'être plus visible pour celui qui le suit ou qui le croise;
- il représente la position appropriée pour dépasser ou pour tourner à gauche;
- il devient pratiquement impossible pour les véhicules dépassant le motocycliste d'empiéter sur la voie qu'il occupe;
- il présente moins de matières granuleuses ou d'huile et moins d'eau lorsqu'il pleut;
- il permet au motocycliste de se tenir loin des véhicules en stationnement.

Le motocycliste ne doit jamais partager sa voie. Autrement dit, il ne doit pas permettre à un autre usager de la route de s'insérer dans sa voie de façon à ce qu'ils se retrouvent côte à côte. L'autre conducteur pourrait soudainement décider de se déporter vers lui sans avertissement.

- Tiers central

Le tiers central est l'endroit à utiliser en présence de voies adjacentes, sur chacun des côtés, circulant dans la même direction. Ce tiers offre aussi les avantages suivants :
- il offre davantage de latitude lorsque le motocycliste ne voit pas ce qui suit le véhicule venant en sens inverse;
- il fournit le même espace de chaque côté pour permettre de rétablir la trajectoire de la moto après une bourrasque;
- il permet au motocycliste de s'éloigner du véhicule qui le dépasse.

- Tiers droit

Tant qu'au tiers droit, il offre les privilèges suivants :

- il représente la position appropriée pour tourner à droite;
- il évite de se faire déporter par l'important déplacement d'air qu'occasionne un véhicule lourd qui dépasse ou vient en sens inverse;
- il représente une position plus prudente avant d'arriver sur le sommet d'une côte aveugle, considérant que le motocycliste ne peut voir les véhicules venant en sens inverse.

Somme toute, pour ce qui est de la position à adopter dans la voie, tout est question d'évaluation et de jugement. À titre d'exemple, dans une courbe à droite, le motocycliste doit ajuster sa position pour que sa trajectoire demeure sécuritaire. En effet, il peut se positionner dans le tiers gauche au début de la courbe, se déplacer au centre au milieu de la courbe et revenir dans le tiers gauche à la fin.

La conscience du danger doit se manifester par une adaptation du comportement du motocycliste à la situation.

 Lorsqu'il conduit, le motocycliste devrait constamment se questionner pour savoir si la position adoptée est la plus sécuritaire par rapport à la situation du moment présent.

S'ADAPTER À LA CIRCULATION

■ CHANGEMENT DE VOIE

Avant d'effectuer un changement de voie, le motocycliste doit s'assurer que cette voie est appropriée.

Stratégies

- Vérifier dans le rétroviseur.
- Vérifier l'angle mort.
- Activer le feu de changement de direction.
- Vérifier à nouveau dans le rétroviseur pour s'assurer que la situation n'a pas changé.
- Vérifier à nouveau l'angle mort pour s'assurer qu'aucun véhicule n'y a pris place.
- Maintenir sa vitesse et s'engager dans l'autre voie.
- Effectuer le changement de voie graduellement.

 Le motocycliste doit être conscient que le fait de freiner ou de ralentir peut entraîner comme effet de diminuer la distance avec le véhicule à l'arrière.

Avant tout, il faut prévoir ses changements de voie. Les changements de voie successifs doivent se faire par étapes. Sur une route à voies multiples, de trois ou plus, il est interdit de traverser deux voies dans un seul mouvement. Le changement de voie doit s'effectuer après avoir circulé en ligne droite dans la nouvelle voie et ainsi de suite.

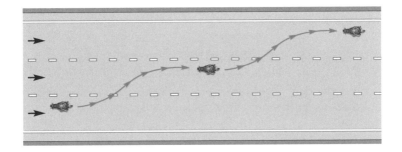

■ DÉPASSEMENT

Avant d'amorcer toute manœuvre de dépassement, le motocycliste doit se questionner, pour savoir si cette manœuvre est nécessaire, légale et si elle peut se faire dans le respect des limites maximales de vitesse.

Saviez-vous que...

Les dépassements successifs en zigzag constituent une infraction entraînant des points d'inaptitude et une amende.

Si oui, avant de dépasser, le motocycliste doit regarder loin à l'avant pour s'assurer d'avoir l'espace et le temps nécessaires pour procéder en toute sécurité. Il doit demeurer le moins de temps possible dans la voie de dépassement.

La première partie du dépassement s'effectue comme le changement de voie. Se référer aux stratégies pour le changement de voie vues précédemment.

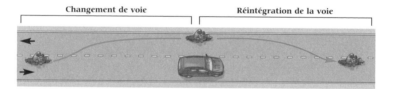

Changement de voie   Réintégration de la voie

La deuxième partie du dépassement vise à réintégrer la voie, à partir du moment où le motocycliste est à la hauteur du véhicule à dépasser.

Stratégies pour réintégrer la voie

- Regarder le véhicule afin de vérifier s'il conserve sa voie.
- Vérifier dans le rétroviseur de droite afin de s'assurer d'une distance suffisante avant d'amorcer la réintégration de la voie.
- Vérifier l'angle mort de droite.
- Activer le feu de changement de direction de droite.
- Vérifier de nouveau le rétroviseur de droite pour s'assurer que la situation n'a pas changé.

- Vérifier de nouveau l'angle mort de droite.
- Se déplacer dans la voie de droite en réintégrant le tiers gauche de la voie.
- Désactiver le feu de changement de direction.

 Généralement, le dépassement est une manœuvre dangereuse, il faut savoir observer pour mieux agir.

■ FRANCHIR UNE INTERSECTION

En raison de la densité de la circulation et du grand nombre d'accidents qui s'y produisent, l'action de franchir une intersection demande beaucoup d'attention.

Pour assurer sa sécurité et celle des autres usagers de la route, il vaut mieux être aux aguets.

Stratégies

- Ralentir à l'approche de l'intersection, de façon à mieux voir et à augmenter la marge de sécurité entre la moto et le véhicule qui précède.
- Respecter les priorités de passage[4].
- Regarder à gauche et à droite, au cas où un usager de la route venant d'une rue transversale tenterait de poursuivre sa route.
- Jeter un coup d'œil aux véhicules venant en sens inverse qui s'apprêtent à tourner (les véhicules tournant à gauche comportent plus de risque pour le motocycliste).
- Se placer de façon à être visible pour les autres usagers de la route.
- S'il le faut, changer de voie ou de position dans la voie **avant l'intersection**.

---

4. *Guide de la route*, Règles de circulation

• Décider de franchir l'intersection ou d'arrêter au moment où la marge de manœuvre est encore suffisante pour le faire et ne pas changer d'idée sauf si une situation oblige à prendre une décision de dernière minute (par exemple, un véhicule devant qui décide de tourner, etc.).

■ S'ENGAGER SUR L'AUTOROUTE

Le motocycliste qui s'apprête à conduire sur l'autoroute doit garder en tête qu'il est peu visible et éviter de rester dans l'angle mort des autres conducteurs lorsqu'il circule.

Avant d'accéder à l'autoroute, il doit observer les panneaux indiquant la limite de vitesse suggérée dans les bretelles d'accès. Celles-ci affichent parfois une courbe très prononcée. Dès que le motocycliste se trouve sur la bretelle d'accès, il doit évaluer l'état de la circulation dans la voie d'accélération, de même que sur l'autoroute.

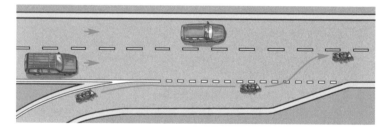

Stratégies

• Évaluer la vitesse des véhicules circulant sur l'autoroute et s'y ajuster.

• Partager son attention entre l'avant, les rétroviseurs et l'angle mort.

• Activer le feu de changement de direction de gauche.

• Repérer une place disponible sur la voie de droite de l'autoroute.

- Positionner sa moto dans le tiers gauche de la voie afin d'être le plus visible possible.
- Partager de nouveau son attention entre l'avant, les rétroviseurs et l'angle mort.
- S'engager sur l'autoroute à la fin de la ligne discontinue, c'est-à-dire en prenant soin d'utiliser toute la piste d'accélération (pour faciliter l'ajustement de la vitesse avec les autres véhicules).
- S'insérer dans la circulation en se positionnant dans le tiers gauche de la voie.
- Désactiver le feu de changement de direction.

■ SUR L'AUTOROUTE

Une fois sur l'autoroute, le motocycliste doit demeurer dans la ou l'une des voies de droite, en conservant une distance suffisante par rapport aux autres véhicules. Il faut surveiller la circulation, particulièrement à l'approche des

Saviez-vous que...

Il est interdit de conduire sur une autoroute ou sur ses voies d'entrée ou de sortie, avec une moto dont la cylindrée est de 125 cm³ ou moins.

échangeurs, ainsi que le déplacement des véhicules passant d'une voie à l'autre. Ici, comme partout ailleurs, il est toujours avantageux pour le motocycliste d'anticiper et de coopérer.

Par ailleurs, il doit vérifier régulièrement son indicateur de vitesse, car une perte de sensation de la vitesse peut survenir s'il circule depuis un certain temps. Il doit se méfier des effets reliés à l'augmentation de la vitesse, notamment l'augmentation de la distance de freinage et la diminution du champ de vision.

De plus, la monotonie engendrée par un environnement variant peu et un minimum de manœuvres exigées de la part du motocycliste peuvent provoquer un relâchement de l'attention, communément appelé «hypnose de la route». Le motocycliste, plus que tout autre, doit y prendre garde.

■ QUITTER L'AUTOROUTE

Lorsque le motocycliste doit quitter l'autoroute, il repère les panneaux indiquant la distance qui le sépare de la sortie. Il se positionne dans la voie appropriée à l'avance pour se préparer à quitter l'autoroute.

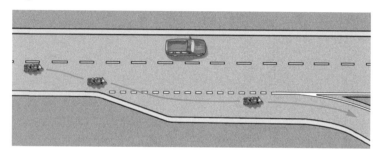

Stratégies

• Demeurer dans le tiers gauche pour protéger sa voie jusqu'au moment d'emprunter la voie de décélération.

• Partager son attention entre l'avant, les rétroviseurs et les angles morts.

• Activer les feux de changement de direction de droite.

• Amorcer le changement de voie en prenant position dans le tiers droite de la voie.

• S'engager dans le tiers gauche de la voie de décélération et freiner graduellement par la suite.

• Repérer le panneau de limite maximale de vitesse avant de s'engager dans la bretelle de sortie.

• Ajuster sa vitesse à celle-ci.

• Désactiver le feu de changement de direction, une fois engagé dans la sortie.

 Lorsque le motocycliste quitte l'autoroute, il doit éviter de ralentir ou de freiner sur l'autoroute, la voie de décélération étant prévue à cet usage.

ADAPTER SA CONDUITE

■ EN PRÉSENCE DE PIÉTONS

Les piétons font partie des usagers de la route les plus vulnérables. Comme leurs réactions peuvent être imprévisibles, ils représentent une source potentielle de danger pour le motocycliste. À titre d'exemple, certains piétons n'utilisent pas les passages pour piétons pour traverser. Il faut donc redoubler de prudence à l'approche d'un endroit où des piétons circulent.

Il vaut mieux être particulièrement attentif si de jeunes enfants, des personnes à mobilité réduite ou des personnes âgées s'apprêtent à traverser. Certains ont besoin de plus de temps que le temps alloué par le feu lumineux accordant la priorité aux piétons.

■ EN PRÉSENCE DE CYCLISTES

Saviez-vous que...

Les cyclistes font également partie des usagers vulnérables. Par ailleurs, ils sont de plus en plus présents sur les routes et ont les mêmes droits et responsabilités que les conducteurs d'un véhicule.

Dépasser une bicyclette sans espace suffisant sur la voie de circulation constitue une infraction entraînant des points d'inaptitude et une amende.

Il faut faire particulièrement attention aux enfants, en raison de leur jeune âge, certains sont moins conscients du danger. Par ailleurs, leur vision périphérique n'est pas aussi développée que celle de l'adulte. Aussi, ils ont davantage de difficulté à évaluer la distance et la vitesse des autres usagers de la route. Ils ne connaissent pas nécessairement les règles de circulation et les distances de freinage des véhicules. De plus, ils seront peut-être surpris en entendant s'approcher d'eux une moto, à cause de son bruit, ce qui peut occasionner des gestes peu prévisibles de leur part.

Avant de tourner à droite à une intersection, il vaut mieux bien surveiller le bord de la route, vérifier les rétroviseurs et l'angle mort de droite pour s'assurer qu'aucun cycliste ne s'y trouve.

Avant de tourner à gauche, si un cycliste vient en sens inverse, il faut lui accorder la priorité de passage. Il faut aussi effectuer les vérifications visuelles usuelles, comme le rétroviseur et l'angle mort de gauche.

 La conduite de nuit demande beaucoup de vigilance, puisque les bicyclettes peuvent ne pas être équipées de dispositifs réfléchissants ou de phares.

■ EN PRÉSENCE D'AUTRES MOTOCYCLISTES

La randonnée en groupe s'accompagne de certaines consignes à respecter, permettant de circuler en toute sécurité, sans nuire à la circulation. Si le nombre de motocyclistes est élevé, il est préférable de le diviser en sous-groupes de cinq au maximum. Le fait de circuler à plus de cinq expose davantage les moto-cyclistes à être séparés les uns des autres par l'insertion d'autres véhicules routiers dans leur formation, par exemple, après un arrêt aux feux de circulation. Par ailleurs, comme cela rend la manœuvre de dépassement plus périlleuse pour les autres usagers de la route, les motocyclistes s'exposent davantage au risque.

• La formation en zigzag

Pour circuler en groupe de façon sécuritaire, il vaut mieux adopter la formation en zigzag. Cette disposition permet aux membres du groupe de se tenir rapprochés les uns des autres, sans circuler côte à côte :

Saviez-vous que...

Le chef de file a la responsabilité d'ajuster sa conduite en fonction du reste du groupe.

- Le ou les motocyclistes en position impaire prennent place dans la partie gauche de la voie, en maintenant une distance équivalente à deux secondes entre eux.

- Le ou les motocyclistes en position paire circulent dans la partie de droite, en maintenant une distance équivalente à deux secondes entre eux.

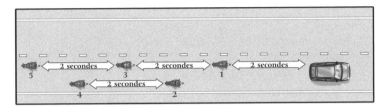

En outre, la position du motocycliste au sein de la formation lui confère un rôle particulier.

Position 1 : Le motocycliste prenant la tête du groupe doit être le plus expérimenté et bien connaître l'itinéraire à suivre. Le chef de file prend les décisions quant au trajet; il évalue et signale les dangers aux autres membres du groupe, permettant au groupe d'agir selon le cas. Au préalable, il doit s'assurer que les signaux utilisés sont connus de tous, pour éviter toute confusion.

Position 2 : Le motocycliste le moins expérimenté circule derrière le chef de file.

Position 3 ou 5 : Il s'agit ici de jouer le rôle de balayeur. En étant le premier à amorcer un mouvement commandé par le chef de file, ce motocycliste se trouve à protéger le groupe.

• Le dépassement en groupe

Pour effectuer une manœuvre de dépassement, chaque motocycliste procède à tour de rôle :

- le chef de file sort de sa voie et dépasse lorsqu'il peut le faire sans danger;

- il regagne ensuite sa position, dans le tiers gauche de la voie;

- celui en position 2 prend temporairement la position du chef de file et attend le moment propice pour dépasser;

- lorsqu'il a effectué sa manœuvre, le deuxième conducteur reprend sa position dans le tiers droit de la voie et crée un espace pour le suivant;

- ainsi de suite pour les autres en positions 3, 4 et 5.

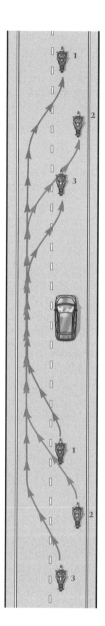

■ EN PRÉSENCE DE VÉHICULES LOURDS

En plus du déplacement d'air provoqué par les véhicules lourds, le motocycliste doit aussi prendre en considération que ceux-ci, en raison de leur poids imposant, sont plus lents à réagir et ne peuvent freiner aussi rapidement que les autres véhicules. Il est préférable de maintenir des distances plus élevées en présence de tracteur semi-remorque, de camion-remorque, etc.

 Il faut se tenir loin des véhicules lourds, car des objets peuvent être éjectés de la remorque, un caillou peut être projeté par l'un des pneus ou encore la semelle d'un de pneus peut se défaire et atteindre le motocycliste.

De plus, certains de ces véhicules, notamment ceux transportant des matières dangereuses et les autobus affectés au transport de personnes, font un arrêt obligatoire aux traverses de voie ferrée. Il faut aussi le prévoir.

■ EN PRÉSENCE DE VÉHICULES PRIORITAIRES

Des priorités sont accordées à certains véhicules, il faut donc les respecter. Le motocycliste peut notamment être confronté à une situation où il doit céder sa priorité de passage à un véhicule répondant à un appel d'urgence, tels une ambulance, un camion d'incendie ou un véhicule de police, etc. Le motocycliste doit alors tout mettre en œuvre pour favoriser leur passage, de façon sécuritaire.

■ EN PRÉSENCE DE VÉHICULES EN STATIONNEMENT

Le motocycliste doit se tenir éloigné des portières des véhicules qui s'ouvrent, anticiper la présence de conducteurs ou de passagers qui peuvent sortir de ces véhicules, ou de piétons traversant distraitement entre deux véhicules.

Il doit faire attention à tout conducteur qui quitte un espace de stationnement pour s'engager de nouveau dans la circulation. Certains d'entre eux examinent leur rétroviseur, sans vérifier l'angle mort. Ils ne peuvent donc apercevoir le véhicule qui se trouve dans cette zone, encore moins une moto.

Quant à ceux qui décident subitement de faire demi-tour, ils sont tout autant à craindre. Donc, si une voiture quitte l'accotement ou semble sur le point de le faire, il faut anticiper ses manœuvres.

Lorsque le motocycliste circule et s'approche de véhicules stationnés en bordure, son premier réflexe doit être de vérifier si des personnes sont présentes à l'intérieur des véhicules. Si oui, il se tient davantage sur ses gardes.

EXERCICES

Choix multiple

Question 1

En présence de conditions normales, quelle distance minimale en secondes doit conserver le motocycliste avec le véhicule qui le précède ?

a) 1 seconde
b) 2 secondes
c) 3 secondes
d) 4 secondes

Question 2

Quelle est la position à adopter la plupart du temps par le motocycliste ?

a) tiers gauche de la voie
b) tiers central de la voie
c) tiers droit de la voie
d) peu importe où, cela est sans importance

Question 3

En plus des autobus, quel autre véhicule, parmi ceux présentés, doit s'arrêter à une traverse de voie ferrée ?

a) une dépanneuse
b) un camion d'incendie
c) une ambulance
d) un camion transportant des explosifs

Question 4

Lorsque le motocycliste dépasse un piéton, quelle marge de sécurité latérale minimale devrait-il généralement conserver ?

a) 1 mètre
b) 2 mètres
c) 3 mètres
d) 4 mètres

SUITE

Vrai ou faux

	V	F

Question 5

Il n'existe aucun moyen de conserver une marge de sécurité derrière le motocycliste. ☐ ☒

Question 6

À cause de la grande maniabilité de sa moto, le motocycliste peut traverser deux voies dans un seul mouvement, sans que cela pose de problèmes. ☐ ☒

Question 7

Lorsque le motocycliste quitte l'autoroute, il doit porter attention au panneau de limite maximale de vitesse, situé avant la bretelle de sortie, pour y ajuster sa vitesse. ☒ ☐

Question 8

À l'intérieur d'une formation en zigzag, le motocycliste le moins expérimenté doit circuler derrière le chef de file. ☒ ☐

Stratégies personnelles

Aucun autre véhicule que la moto ne fait appel à autant de coordination et d'habileté de la part de son conducteur. C'est pourquoi le motocycliste doit se préoccuper grandement des facteurs personnels influençant la conduite.

La pression des autres conducteurs ou un comportement agressif de leur part sont aussi des situations auxquelles le motocycliste peut être confronté.

En plus de l'influence de ces facteurs, le fait de transporter un passager ou des bagages aura un impact sur le comportement de la moto.

Comme le motocycliste a besoin de toute son énergie pour Observer-Évaluer-Agir, il ne peut se permettre que ses facultés soient altérées par des facteurs extérieurs. Il doit user de stratégies personnelles pour circuler en toute sécurité.

FACTEURS PERSONNELS

La conduite d'une moto se veut complexe, tant par l'énergie nécessaire pour conduire, que par l'attention à mobiliser.

 Conduire, c'est faire le choix d'être en pleine possession de tous ses moyens.

■ ÉTAT PSYCHOLOGIQUE À RISQUE

Il importe de savoir que la capacité de conduire est directement liée à l'état psychologique du conducteur. En effet, des problèmes personnels, professionnels ou familiaux peuvent contribuer à augmenter le niveau de stress et de fatigue du motocycliste et à diminuer l'attention qu'il doit porter à la conduite.

En de telles circonstances, son comportement habituel peut changer considérablement. Il peut devenir plus intolérant, voire agressif. Sans nécessairement s'en rendre compte, il peut prendre des risques qu'il aurait évité normalement.

Par ailleurs, certaines stratégies visent à se concentrer en tout temps sur la conduite.

Stratégies

- **Profiter de ses expériences passées, pour ne pas répéter les mêmes erreurs.** Le motocycliste doit évaluer, lorsqu'une situation donnée se représente, comment il peut améliorer sa façon de réagir en adoptant des comportements davantage sécuritaires. Par exemple, en étant plus calme, en collaborant davantage, etc.

- **Faire preuve de tolérance et d'indulgence.** Car chaque conducteur fait, à un moment ou un autre, une erreur involontaire.

- **Penser prioritairement à sa sécurité et à celle des autres.** Cette attitude préventive aide à retrouver son calme.

Il est préférable que le motocycliste évite de conduire lorsqu'il est sous le coup d'émotions très intenses, par exemple, lorsqu'il a de lourds tracas, qu'il éprouve une forte colère, une peine ou une souffrance intense, etc.

■ STRESS ET FATIGUE

Il est important que le motocycliste prenne la route en étant bien reposé. Pour éviter toute source de stress, il vaut mieux avoir préparé son itinéraire et être dans de bonnes dispositions.

Saviez-vous que...

Les dangers associés au duo conduite et fatigue peuvent s'avérer aussi importants que ceux associés à la conduite avec consommation d'alcool.

Lorsqu'il conduit sur une longue distance, différentes formes de fatigue peuvent affecter le motocycliste.

Fatigue	En lien avec
Physiologique	une longue station assise dans une même posture
Intellectuelle	une trop longue concentration
Visuelle	la conduite de nuit ou certaines conditions d'éblouissement de jour

De façon générale, la fatigue altère la vigilance du motocycliste. Ce faisant, elle affecte sa capacité de prendre des décisions et d'effectuer des manœuvres critiques. Les marges de manœuvre du motocycliste en sont réduites d'autant !

Pour prévenir la fatigue et la somnolence, le motocycliste doit être attentif aux signes avant-coureurs : engourdissement, picotement des yeux, bâillement, etc. Même sans symptôme, il doit prendre des moyens pour que son énergie et sa coordination demeurent à un niveau optimal.

Stratégies

- Ne pas dépasser un maximum de 2 heures de conduite sans s'arrêter pour se reposer.
- Prendre des pauses de 15 minutes.
- Faire quelques exercices physiques.
- S'alimenter légèrement et boire des boissons non alcoolisées.

■ CONSOMMATION DE MÉDICAMENTS, DE DROGUES ET D'ALCOOL

La conduite d'une moto est exigeante. Il faut en tout temps être attentif et en mesure d'observer tout ce qui se trouve autour de soi, de même que d'anticiper certains événements. Il faut également savoir juger, prendre des décisions rapidement et surtout coordonner ses actions efficacement. Somme toute, il faut être en pleine possession de ses moyens.

Voilà pourquoi il est si important pour le motocycliste de ne pas associer, à la conduite, la consommation de certains médicaments, de drogues et d'alcool.

- **Médicaments et drogues**

Certains médicaments occasionnent des effets incompatibles avec la conduite d'une moto. Si le motocycliste doit prendre des médicaments, qu'ils soient prescrits ou vendus sans ordonnance, il doit s'assurer que ceux-ci n'affectent pas sa capacité de conduire. Certains médicaments, notamment ceux pour combattre l'anxiété et les allergies, produisent des effets semblables à ceux de l'alcool. Il faut toujours lire les mises en garde inscrites sur l'emballage, pour connaître les effets secondaires des médicaments, de même que leurs conséquences sur la capacité de conduire, particulièrement celles relatives à la somnolence ou à l'excitation.

Saviez-vous que...

Dans la plupart des accidents mortels où le conducteur avait consommé de la drogue, celle-ci a joué un rôle direct ou indirect en modifiant le comportement du conducteur.

Effets affaiblissants	Effets stimulants
– somnolence; – trouble de concentration; – perte d'équilibre; – allongement du temps de réaction.	– euphorie; – perte de conscience du risque.

La combinaison de médicaments ou la prise d'un médicament avec de l'alcool en augmentent généralement les effets.

De plus, le duo drogue et conduite est une association risquée. Il ne faut pas croire que les drogues qualifiées de douce n'occasionnent aucun effet néfaste sur la conduite. Il n'y a pas de drogues douces au volant, encore moins derrière un guidon ! La plupart des drogues occasionnent des effets psychomoteurs incompatibles avec la conduite d'une moto et constituent donc un danger potentiel important.

Certaines drogues peuvent provoquer sur le conducteur des effets aussi dangereux que ceux liés à l'alcool.

• Alcool

Les effets de l'alcool sont progressifs et commencent dès la première consommation. La consommation d'alcool affecte la capacité de conduire et augmente le risque d'avoir un accident grave.

L'état psychologique de celui qui consomme peut participer à l'augmentation de ses effets. À titre

Saviez-vous que...

La conduite avec capacités affaiblies demeure la principale source d'accidents de la route. L'alcool est lié à 25 % des accidents mortels et 18 % des accidents avec blessés graves.

d'exemple, quelqu'un qui est stressé, déprimé ou fatigué risque de se sentir plus affecté, après quelques consommations, que s'il était dans son état normal.

Parmi les effets de la consommation d'alcool, certains sont même trompeurs. Comme un de ses effets est de diminuer la faculté de s'évaluer, elle se traduit généralement chez le motocycliste par un excès de confiance en ses capacités de conduire, ce qui l'amène généralement à outrepasser ses capacités et à prendre davantage de risque que s'il était sobre.

Un autre effet est le ralentissement des activités du cerveau, s'accompagnant d'une perte de coordination. Les gestes se font souvent plus tardivement, de façon brusque et imprécise. Le motocycliste doit donc être particulièrement sensible aux effets de l'alcool sur sa capacité de conduire, car la consommation d'alcool peut affecter dangereusement ses habiletés à conserver la maîtrise de sa moto et son équilibre.

Un autre effet se manifeste directement sur les habiletés requises au motocycliste pour explorer la route et son environnement.

- Impact de la consommation d'alcool : Observer-Évaluer-Agir

Habileté	Effets de l'alcool	Effets sur le motocycliste
Observer	Réduction de la vision périphérique	Vigilance et attention amoindries à l'endroit de personnes, des véhicules ou des obstacles sur le côté de la route.
	Tendance à fixer	Réduction de la quantité d'information nécessaire à l'évaluation de la situation.
	Trouble de la perception	Prévision et estimation de la vitesse et de la distance qui le sépare des autres véhicules rendues difficiles.
	Réduction de la coordination des images	Déchiffrage des panneaux de signalisation rendu plus difficile.

Habileté	Effets de l'alcool	Effets sur le motocycliste
	Moins bonne adaptation à l'obscurité	Augmentation du temps de récupération de la vision, lors de la conduite de nuit. Tendance plus élevée à être ébloui.
Évaluer	Relâchement de la vigilance	Sous-estimation des indices de danger.
	Trouble de la concentration	Attention amoindrie.
	Jugement diminué	Diminution de la capacité de prise rapide de décisions. Surestimation de ses habiletés de conduite et sous-estimation des risques.
	Instabilité de l'état émotionnel.	Réactions non adaptées aux circonstances. Manque de maîtrise de soi. Agressivité.
Agir	Instabilité du sens de l'équilibre	Sens de l'équilibre plus difficile à maintenir, particulièrement à faible vitesse.
	Ralentissement des réactions complexes et augmentation du temps de réaction	Réactions plus lentes lors de la plupart de ses manœuvres et en cas d'urgence.
	Coordination des mouvements rendue difficile	Contrôle de la direction rendu plus difficile. Utilisation trop brusque ou insuffisante des freins. Capacité amoindrie à coordonner la direction et les freins.
	Accroissement de l'impulsivité	Hausse de la prise de risque : vitesse excessive et comportement à risque.

 Les effets de l'alcool sont augmentés quand il y a également consommation de drogue !

– Fausses croyances

Ceux qui croient que l'alcool est un stimulant se trompent lourdement. Au contraire, c'est un dépresseur qui affecte tous les sens et les mouvements du conducteur. Ses effets sur la conduite d'une moto ne sont donc pas négligeables.

Par ailleurs, de fausses croyances sont véhiculées quant à la diminution des effets de l'alcool et à son élimination. À titre d'exemple, le fait de manger tout en consommant de l'alcool n'élimine pas systématiquement les effets de l'alcool. Tout au plus, l'ingestion de nourriture va retarder la présence d'alcool dans le sang, sans toutefois empêcher le consommateur d'atteindre un taux d'alcool élevé.

De plus, il n'existe aucun moyen miracle pour éliminer la présence d'alcool dans le sang. Un café fort ne dégrise personne. S'il donne l'impression de ragaillardir, c'est que la caféine agit comme stimulant. Elle n'a toutefois pas la propriété de diminuer le taux d'alcool dans le sang.

Par ailleurs, le fait de prendre une douche froide n'a pas plus d'effet sur l'élimination de l'alcool que de prendre une marche ou de danser comme un déchaîné. S'il est vrai que la transpiration permet d'éliminer une certaine partie de l'alcool, la quantité est beaucoup trop infime pour s'avérer un moyen efficace.

Enfin, à nombre égal de consommations, la bière affecte autant les facultés que toute autre boisson alcoolisée.

Le seul moyen efficace pour éliminer l'alcool dans le sang est le temps. Et, il faut environ 5 heures au foie pour éliminer un taux atteignant 80 mg d'alcool par 100 millilitres (0,08).

PRESSION DES AUTRES CONDUCTEURS

Il n'est pas rare que des conducteurs impatients fassent pression sur un motocycliste en le suivant de trop près ou en appuyant énergiquement sur leur avertisseur sonore. Ces comportements visent généralement à influencer son comportement.

Il ne faut pas céder à ces diverses formes de pression, lorsque la manœuvre n'est pas sécuritaire. Il vaut toujours mieux se baser sur sa propre évaluation du niveau de risque encouru. En tout temps, le motocycliste est le meilleur juge des risques qu'il peut assumer en vertu de sa situation particulière de conduite.

Par ailleurs, une autre forme de pression peut provenir de gens proches du motocycliste.

■ PRESSION DES PAIRS

La pression des pairs est le phénomène par lequel une personne sent qu'un ou des amis tentent d'exercer une influence sur elle. Une personne sensible à ce que les autres pensent d'elle peut céder plus facilement à cette forme de pression.

Ce phénomène presque universel se retrouve bien sûr présent chez les motocyclistes. Étant peu expérimentés, les jeunes peuvent être plus susceptibles d'être influencés par ce genre de comportement.

La pression des pairs peut être aussi bien positive que négative. Le motocycliste fait face à une pression positive quand l'ami désire qu'il adopte une conduite sécuritaire.

Cependant, le motocycliste fait face à une pression négative si l'ami l'incite à recourir à une manœuvre jugée inadéquate ou dangereuse. Pour désamorcer cette situation, le motocycliste peut se préparer.

Stratégies

- **Identifier le problème** : Ce qui est demandé par l'ami pose-t-il un problème au motocycliste ? Si oui, de quel ordre ? Technique de conduite non maîtrisée ? Comportement jugé non sécuritaire ?

- **Évaluer les conséquences** : Est-il préférable pour le motocycliste de perdre la maîtrise de la moto et de prendre le risque d'être blessé ou d'être confronté aux plaisanteries de son ami ?

- **Identifier un compromis** : Est-il possible pour le motocycliste d'agir selon son jugement, quitte à prendre entente avec les amis pour les rejoindre un peu plus tard ?

- **Agir** : choisir l'option qui place sa sécurité et celle des autres usagers de la route au premier plan.

Il vaut mieux choisir de circuler avec un groupe de motocyclistes qui respectent ses habiletés de conduite.

« Je ne peux prendre cette courbe aussi vite que le chef de file, je vais ralentir et il va m'attendre. »

■ COMPORTEMENT AGRESSIF

Les principaux irritants de la conduite sont liés au non-respect de règles élémentaires de sécurité, mettant en cause un conducteur qui :

- suit de trop près ou avec insistance un autre véhicule ;
- ne cède pas le passage ou l'exige ;
- change fréquemment de voie ;
- ne signale pas ses intentions ;
- dépasse par la droite ou par l'accotement ;
- zigzague entre les véhicules ;

Saviez-vous que...

Au Québec, 21,5 % des gens disent avoir été victimes d'un automobiliste agressif et 36,5 % avoir été témoins d'un tel comportement.

- circule trop vite par rapport aux conditions routières et/ou climatiques;
- s'arrête en double file;
- circule avec les phares de route en éblouissant les autres conducteurs;
- utilise l'avertisseur sonore de façon abusive;
- fait des gestes déplaisants ou agressifs.

Tout conducteur a donc un double intérêt à respecter fidèlement les règles de circulation, la signalisation et les priorités de passage. D'une part, il ne compromet ni sa sécurité ni celle des autres usagers de la route. Ce faisant, il s'évite de commettre des infractions passibles de sanctions et de s'exposer, par ses comportements et agissements, à susciter de l'irritation chez les autres usagers de la route.

Comme ligne de conduite, il vaut mieux, pour le motocycliste, d'opter en tout temps pour des comportements respectueux envers les autres usagers de la route. Par rapport à sa moto, il peut aussi :

Stratégies particulières à la moto

• S'assurer que sa moto n'est pas anormalement bruyante.

• Éviter de faire «surrévolutionner» inutilement le moteur.

Toutefois, s'il est tout de même confronté à un conducteur agressif, le motocycliste doit savoir comment réagir face à ces comportements.

Stratégies pour faire face à un conducteur agressif

• Conserver son sang-froid.

• Éviter de réagir aux paroles ou aux gestes provocateurs.

• Éviter d'établir un contact visuel avec le conducteur agressif, pour ne pas provoquer davantage d'agressivité.

• Réagir de manière à désamorcer la situation conflictuelle, quitte à lui céder le passage.

Si le conducteur agressif quitte son véhicule et se dirige vers le motocycliste, la situation devient critique.

Stratégies pour faire face à une situation critique

• Éviter de discuter avec le conducteur agressif, de le regarder ou de faire des gestes provocateurs.

• Se diriger vers un endroit où le motocycliste peut obtenir de l'aide.

• Éviter de se rendre à sa résidence, lorsque le motocycliste est poursuivi par un conducteur agressif.

De même, le motocycliste a tout intérêt à mettre toutes les chances de son côté pour éviter d'être lui-même irrité par les comportements des autres usagers de la route. Pour ce faire, il prend des moyens à sa disposition.

Stratégies préventives pour éviter d'être intolérant

- Éviter de conduire lorsqu'il est fatigué ou tendu.
- Partir suffisamment à l'avance.
- Emprunter des routes moins achalandées.
- Éviter les heures de pointe.
- Circuler dans la voie de droite, sauf pour dépasser.
- Se rappeler que les fausses manœuvres des autres conducteurs ne sont pas toujours conscientes et volontaires.
- Collaborer constamment avec les autres conducteurs.
- Agir en protégeant les conducteurs moins habiles.

La courtoisie, c'est contagieux !

PASSAGERS ET BAGAGES

Avant de partir en voyage, le motocycliste doit s'assurer que sa moto peut accueillir de façon sécuritaire, tant le matériel que le passager. Il doit vérifier l'état de sa moto et respecter les recommandations du fabricant, avant d'entreprendre un long parcours ou de transporter des charges supplémentaires.

Saviez-vous que...

Il est interdit au titulaire d'un permis d'apprenti conducteur de faire monter un passager.

Il ne faut pas oublier qu'un poids additionnel modifie la tenue de route de la moto et peut diminuer la capacité de freiner ou d'accélérer. À basse vitesse, l'équilibre est plus difficile à maintenir. Que ce soit pour le transport d'un passager ou de bagages, il faut veiller à ce que la pression d'air dans les pneus et la suspension de la moto soient adaptées à la charge, selon les spécifications du fabricant.

Le motocycliste doit consulter le manuel du propriétaire pour connaître les limites maximales de charge de sa moto. Le calcul du poids maximum autorisé par le fabricant inclut le poids des bagages, du conducteur et du passager, des accessoires et de l'essence du réservoir.

■ BAGAGES

Le fait d'ajouter des bagages ou des accessoires à la moto peut aussi nuire à sa stabilité et à sa maniabilité. Les charges doivent être bien réparties et attachées solidement.

> ## Saviez-vous que...
>
> *Des sacs de réservoir ou de selle ainsi que des sacoches cavalières sont disponibles sur le marché.*

Stratégies en présence de bagages

• Gonfler les pneus et régler la suspension selon la charge.

• Maintenir le poids de la charge aussi bas et aussi près du centre que possible : les bagages peuvent être attachés à la selle ou placés dans des sacoches. Il ne faut pas surcharger l'arrière de la moto, ni empiler de bagages sur le dossier de la selle ou sur le porte-bagages. Cela modifie le centre de gravité et nuit à l'équilibre de la moto. Éviter les sacs à dos avec armature à cause du poids qui est placé en hauteur.

• Garder le poids en avant : tout ce qui est placé derrière l'essieu de la roue arrière influence la conduite de la moto pendant les virages et les freinages.

• Répartir également le poids : il faut charger de façon égale les deux côtés de la moto ou fixer un sac au réservoir.

• Attacher solidement la charge à l'aide d'élastiques conçus à cette fin ou d'un filet à crochets multiples. Si un objet se détache en pleine circulation, ce peut être catastrophique pour le conducteur qui suit et pour le motocycliste, car l'objet peut bloquer la roue arrière.

- Vérifier si la charge est bien fixée, peu après le départ et régulièrement par la suite.
- S'assurer que les phares et les feux demeurent visibles.

Généralement, avec un passager, la moto réagit plus lentement. Si le passager est lourd et que la moto est légère, la différence est encore plus évidente. La moto prend alors plus de temps à répondre aux commandes. Le motocycliste doit donc adapter sa conduite.

• Avec caisse adjacente ou remorque

Le motocycliste doit s'exercer avant de s'aventurer sur la route avec l'ajout de caisses adjacentes (*side-car*). La conduite en est particulière et demande un certain entraînement. Il faut porter une attention spéciale au freinage, qui peut s'en trouver modifié.

La technique du virage est aussi affectée. Règle générale, il n'est plus possible d'incliner la moto et il faut tenir compte de l'inertie de la caisse. Lorsque la caisse est vide, il est préférable d'y ajouter un poids, afin d'équilibrer la moto.

Pour ce qui est de l'ajout d'une remorque, la distance de freinage est augmentée.

Stratégies

• Augmenter la distance avec le véhicule de devant.

• Circuler plus lentement dans les virages et les surfaces inégales.

 Il faut éviter de surcharger la remorque, parce que cela augmente le poids sur la roue arrière.

■ PASSAGER

Ainsi, le motocycliste doit se préoccuper de sa sécurité et de celle de son passager. Ce dernier doit toujours attendre le signal du conducteur avant de monter ou de descendre de la moto. Avant que le passager prenne place sur le siège, le moto-

Saviez-vous que...

Sur certains modèles, des ajustements rapides peuvent être effectués sur la suspension afin de maximiser le rendement et la maniabilité de la moto en présence d'un passager.

cycliste lui transmet des consignes de sécurité élémentaires, afin qu'il sache clairement ce qui est attendu de lui. Lorsque le conducteur a pris place sur la moto, il indique au passager de monter sans faire de mouvements brusques.

Consignes pour le passager

• Laisser ses pieds sur les repose-pieds, jusqu'au moment de descendre, et ne les laisser pendre, en aucun temps. Ne pas poser les pieds au sol lors des arrêts.

• Éviter de toucher au tuyau d'échappement, en raison du risque de brûlure.

• Tenir le conducteur par la taille ou les hanches tout au long du trajet et faire corps, en tout temps, avec lui.

• Éviter le bavardage inutile, car le conducteur a besoin de toute son attention pour observer la circulation et maîtriser la moto.

- Pencher de la même façon que le conducteur dans les courbes; s'il penche trop ou du côté opposé, il peut provoquer une perte d'équilibre.
- Regarder devant par-dessus l'épaule du conducteur et éviter de bouger brusquement et inutilement.
- Ne pas regarder de côté et ne pas vérifier l'angle mort au moment où le conducteur s'apprête à le faire.
- Prévoir les arrêts et les virages.
- Serrer les genoux au moment des freinages.

Lorsque le motocycliste fait monter un passager, il doit alors adapter sa conduite.

Stratégies pour adapter la conduite du motocycliste

- Circuler plus lentement dans les virages et sur les surfaces inégales.
- Ralentir d'avance et plus tôt qu'il a l'habitude de le faire à l'approche des intersections.
- Conserver une plus grande distance entre la moto et les véhicules l'entourant que celle requise normalement.
- Éviter les mouvements brusques, peu prévisibles pour le passager.

SUR LA ROUTE DU SUCCÈS

Le meilleur conseil que peut mettre en pratique le motocycliste est, encore une fois, de **respecter ses limites**. En tout temps, le motocycliste est le meilleur juge de ses limites et des risques qu'il peut assumer, compte tenu de sa situation particulière de conduite et du niveau de ses habiletés.

Aussi, chaque fois que le motocycliste doit exercer son jugement, sa préoccupation première doit être d'assurer sa sécurité et celle des autres usagers de la route.

Une attitude préventive, une bonne méthode d'exploration, des habiletés techniques et la connaissance de ses limites sont les clefs du succès de la sécurité routière.

Bonne route !

EXERCICES

Choix multiple

Question 1

La capacité de conduire du motocycliste est directement liée à :

a) à la moto
b) à son état psychologique
c) à la présence d'un passager
d) à son âge

Question 2

Quel sera l'effet de la consommation de boissons alcoolisées sur le champ de vision d'un motocycliste ?

a) il sera augmenté
b) il sera diminué
c) il sera le même
d) il sera plus précis

Question 3

Lorsqu'il fait face à un conducteur agressif, le motocycliste devrait :

a) lui expliquer son point de vue
b) parler plus fort que lui
c) conserver son sang froid
d) essayer de le ridiculiser

Compléter la phrase suivante

Question 4

Le motocycliste qui doit installer des bagages sur sa moto devrait le faire en les plaçant aussi bas que possible et

a) le plus possible vers l'arrière de la moto
b) du même côté de la moto
c) aussi près du centre que possible
d) derrière l'essieu arrière

SUITE

Vrai ou faux   V   F

Question 5

Les médicaments que l'on peut se procurer sans ordonnance
ne peuvent jamais avoir d'effet sur la conduite.   ☐   ☒

Question 6

Les effets de l'alcool sont augmentés, lorsque combiné avec
des drogues.   ☒   ☐

Question 7

La pression des pairs peut être aussi bien positive que négative.   ☒   ☐

Question 8

Les principaux irritants de la circulation sont liés au non-
respect de règles élémentaires de sécurité.   ☒   ☐

Réponses :
1-B   2-B   3-C   4-C   5-F   6-V   7-V   8-V

INDEX

Achevé d'imprimer en février 2005
sur les presses de l'imprimerie J.B. Deschamps
Beauport